宁波十里红妆婚俗

宁海十里红妆婚俗

总主编 杨建新

浙江省非物质文化遗产代表作丛书

浙江摄影出版社

章亚萍　何晓道　编著

总 序

浙江省人民政府省长　夏宝龙

　　非物质文化遗产是人类历史文明的宝贵记忆,是民族精神文化的显著标识,也是人民群众非凡创造力的重要结晶。保护和传承好非物质文化遗产,对于建设中华民族共同的精神家园、继承和弘扬中华民族优秀传统文化、实现人类文明延续具有重要意义。

　　浙江作为华夏文明的发祥地之一,人杰地灵,人文荟萃,创造了悠久璀璨的历史文化,既有珍贵的物质文化遗产,也有同样值得珍视的非物质文化遗产。她们博大精深,丰富多彩,形式多样,蔚为壮观,千百年来薪火相传,生生不息。这些非物质文化遗产是浙江源远流长的优秀历史文化的积淀,是浙江人民引以自豪的宝贵文化财富,彰显了浙江地域文化、精神内涵和道德传统,在中华优秀历史文明中熠熠生辉。

　　人民创造非物质文化遗产,非物质文化遗产属于人民。为传承我们的文化血脉,维护共有的精神家园,造福子孙后代,我们有责任进一步保护好、传承好、弘扬好非物质文化遗产。这不仅是一种文化自觉，是对人民文化创造者的尊重，更是我们必须担当和完成好的历史使命。对我省列入国家级非物质文化遗产保护名录的项目一项一册，编纂"浙江省非物质文化遗产代表作丛书"，就是履行保护传承使命的具体实践，功在当代，惠及后世，有利于群众了解过去，以史为鉴，对优秀传统文化更加自珍、自爱、自觉；有利于我们面向未来，砥砺勇气，以自强不息的精神，加快富民强省的步伐。

党的十七届六中全会指出，要建设优秀传统文化传承体系，维护民族文化基本元素，抓好非物质文化遗产保护传承，共同弘扬中华优秀传统文化，建设中华民族共有的精神家园。这为非物质文化遗产保护工作指明了方向。我们要按照"保护为主、抢救第一、合理利用、传承发展"的方针，继续推动浙江非物质文化遗产保护事业，与社会各方共同努力，传承好、弘扬好我省非物质文化遗产，为增强浙江文化软实力、推动浙江文化大发展大繁荣作出贡献！

前　言

浙江省文化厅厅长　杨建新

　　"浙江省非物质文化遗产代表作丛书"的第二辑共计八十五册即将带着墨香陆续呈现在读者的面前，这些被列入第二批国家级非物质文化遗产保护名录的项目，以更加丰富厚重而又缤纷多彩的面目，再一次把先人们创造而需要由我们来加以传承的非物质文化遗产集中展示出来。作为"非遗"保护工作者和丛书的编写者，我们在惊叹于老祖宗留下的文化遗产之精美博大的同时，不由得感受到我们肩头所担负的使命和责任。相信所有的读者看了之后，也都会生出同我们一样的情感。

　　非物质文化遗产不同于皇家经典、宫廷器物，也有别于古迹遗存、历史文献。它以非物质的状态存在，源自于人民的生活和创造，在漫长的历史进程中传承流变，根植于市井田间，融入百姓起居，是它的显著特点。因而非物质文化遗产是生活的文化，百姓的文化，世俗的文化。正是这种与人民群众血肉相连的文化，成为中华传统文化的根脉和源泉，成为炎黄子孙的心灵归宿和精神家园。

新世纪以来，在国家文化部的统一部署下，在浙江省委、省政府的支持、重视下，浙江的文化工作者们已经为抢救和保护非物质文化遗产做出了巨大的努力，并且取得了丰硕的成果和令人瞩目的业绩。其中，在国务院先后公布的三批国家级非物质文化遗产名录中，浙江省的"国遗"项目数均名列各省区第一，蝉联三连冠。这是浙江的荣耀，但也是浙江的压力。以更加出色的工作，努力把优秀的非物质文化遗产保护好、传承好、利用好，是我们和所有当代人的历史重任。

编纂出版"浙江省非物质文化遗产代表作丛书"，是浙江省文化厅会同财政厅共同实施的一项文化工程，也是我省加强国家级非物质文化遗产项目保护工作的具体举措之一。旨在通过抢救性的记录整理和出版传播，扩大影响，营造氛围，普及"非遗"知识，增强文化自信，激发全社会的关注和保护意识。这项工程计划将所有列入国家级非物质文化遗产保护名录的项目逐一编纂成书，形成系列，每一册书介绍一个项目，从自然环境、起源发端、历史沿革、艺术表现、传承谱系、文化特征、保护方式等予以全景全息式的纪录和反映，力求科学准确，图文并茂。丛书以国家公布的"非遗"保护名录为依据，每一批项目编成一辑，陆续出版。本辑丛书出版之后，第三辑丛书五十八册也将于"十二五"期间成书。这不仅是一项填补浙江民间文化历史空白的创举，也是一项传承文脉、造福子孙的善举，更是一项需要无数人持久地付出劳动的壮举。

在丛书的编写过程中，无数的"非遗"保护工作者和专家学者们为之付出了巨大的心力，对此，我们感同身受。在本辑丛书行将出版之际，谨向他们致上深深的鞠躬。我们相信，这将是一件功德无量的大好事。可以预期，这套丛书的出版，将是一次前所未有的对浙江非物质文化遗产资源全面而盛大的疏理和展示，它不但可以为浙江文化宝库增添独特的财富，也将为各地区域发展树立一个醒目的文化标志。

时至今日，人们越来越清醒地认识到，由于"非遗"资源的无比丰富，也因为在城市化、工业化的演进中，众多"非遗"项目仍然面临岌岌可危的境地，抢救和保护的重任丝毫容不得我们有半点的懈怠，责任将驱使着我们一路前行。随着时间的推移，我们工作的意义将更加深远，我们工作的价值将不断彰显。

2012年5月

目录

　　宁海古属台州，今属宁波，位于浙江省东部，紧倚着天台山脉、四明山脉，处于象山港和三门湾之间，兼有山海之灵气和甬台文化之精华，人文底蕴深厚。

　　"浙东女子尽封王，半副銮驾迎新娘。三寸金莲女儿梦，十里红妆古越风。"宁海十里红妆婚俗表现的是旧时宁海地区大户人家嫁女娶亲时的铺张场面。人们常用"良田千亩，十里红妆"形容嫁妆的丰厚。嫁妆队伍浩浩荡荡，蜿蜒数十里。十里红妆婚俗自南宋时兴起，在明清时期达到全盛。如今早已淡出了历史舞台，但那些风格独特的红妆器具依然华美富丽，凤冠霞帔坐花轿的场景更是令人神往。

　　宁海十里红妆婚俗是宁海人民过往生活的重要组成部分，也是宁海社会风俗的延续。随着文化生态环境的改变，这一风俗现在正处于濒危状态。宁海县人民政府十分重视国家级非物质文化遗产十里红妆婚俗的挖掘、保护、传承和发展工作。以政府为主导，建立专门机构，划拨专项资金，建造民俗博物馆；同时发挥民间的积极力量，恢复传统婚俗，让古老的民俗文化焕发生机。

　　文化是一个民族的灵魂，是一个地区社会经济发展的需要，更是一个地区、一个民族、一个国家核心价值的表现，核心竞争力的体现。宁海十里红妆婚俗作为江南地区的一种民俗文化，展现了其独特的魅力。我们在本书中向大家介绍宁海乃至整个江南地区十里红妆婚俗的基本面貌、表现形态及其特点、价值、代表性传承人，同时也简要介绍了宁海县委、县政府为继承和保护这一优秀的文化遗产所做的工作和未来的计划等，有助于读者认识和了解优秀的文化遗产，增强民族文化自豪感，也激励当代宁海人通过对优秀民族文化遗产的保护，将中国的优秀文化传统与现代社会紧密结合起来，开创我县非物质文化遗产保护的美好前景。

历史是走向未来的起点，文明是联结历史与未来的桥梁。值此"浙江省非物质文化遗产代表作丛书"出版之际，作为宁海人，我们有责任去保护和传承宁海的非物质文化遗产，延续宁海先人健康向上的精神血脉。

宁海县人民政府县长　褚银良

概述

由于结婚是人生最大的喜事，关涉到家庭的幸福和社会的和谐安定，因此，有关婚姻的习俗就特别繁多。婚俗中也包含了丰富的文化意蕴，充满美好的情感以及人们对幸福家庭生活的向往。

概述

[壹]宁海十里红妆婚俗的起源

宁海县地处浙江省东部沿海地区,古来民间佛教、道家思想浓厚。百姓崇尚耕读,农耕文化发达,手工技艺多样。宁海人民辛勤劳作,生生不息,不仅建设了富饶、美丽的家园,也创造出富有地方特色的乡土文化。就是在这历史文化底蕴深厚的地方,形成具有浙东特色的宁海十里红妆婚俗。

一、人文地理环境

宁海县系浙江省宁波市辖县,位于中国大陆海岸线的中段。全

古石桥

县海岸线长176公里，处于天台山脉与四明山脉的交汇处，兼具山海之灵气和甬台文化之精华。东北濒临象山港，南临三门湾，历史上曾是繁华的商埠。唐宋及明清时期，一直是宁波往来韩国、日本及南洋的海上丝绸、陶瓷之路的水陆交通要津。相传唐鉴真大师东渡日本就是从宁海的白峤渡口下海。宁海又是连接宁波、台州及温州的交通枢纽，至今还有一古驿道贯穿其间。

宁海县地域面积1931平方公里，有"七山一水二分田"之说。农业、商贸、传统手工业和渔业曾经是宁海的主要经济构成类型。宁海畴平野沃，多膏腴之地。当地流传着一句老话："东门漓卤滴浆，西门动枪夹棒，北门珍珠宝贝，南门瓜蒲茄菜。"形象地说明了宁海县特殊的地理特征与人们生产、生活的关系。宁海出东门即三门湾，浅海滩涂较多，当地百姓多从事渔业生产；西

老街巷

门大多是山区，手工技艺相对发达，木匠、漆匠、雕刻匠、箍桶匠远近闻名；南门田多土肥，宜农业生产，粮食作物常获大丰收；北门商贸相对发达，人们生活富庶。农耕生活是宁海先民的主要生产方式，而百作手工也是宁海人重要的谋生手段。

据历史文献记载，宁海始于西晋太康元年（280年）建县，史属台州，迄今已有一千四百多年历史。由于宁海处于台州、宁波的交界点，文化兼具两地特色。从区位来分，宁海的南路、西路文化受台州文化的影响，北路文化受宁波文化的影响，东路则两地影响兼而有之。"邑中秀民读书守法，勤为耕作，百姓生活殷实，多重道德礼仪。"（清光绪年间《宁海县志》）

宁海人民勤劳俭朴、热情好客。人们普遍遵循传统家教，以维护宗族、家庭和睦为核心。宗族按辈分论长幼，一家之中，唯父命是从，亲戚之中，舅父权威甚高。亲友至访，注重称谓礼节。一般逢年过节礼尚往来及遭遇不幸时慰藉探望，逢喜庆、丧葬等大事则登门相帮。

宁海人厚道，十分重视民俗节气活动。出于对生命的礼敬，对人生的祝福，宁海人对婚礼颇为讲究，结婚往往被看做 "终身大事"。旧时男女结婚，往往出于"父母之命，媒妁之言"，包办代替，男女双方无自行择偶的权利，但办起婚事来却是相当隆重。主人家张灯结彩，大摆筵席，亲朋好友提携厚礼前往道贺，其场面热闹异常。

明清以来，由于本地区经济持续发展，富庶人家日显阔气，好讲排场，民间百姓结婚尤重嫁奁。对结婚的女方家庭来说，是为了炫耀娘家的财力，也希望女儿在夫家巩固其地位，因此，富庶人家嫁女，不惜财力，以绵延数十里的红妆陪嫁。于夫家来说，是为了显示其家境殷实，匹配于女方的富庶，丝毫不怠慢八抬花轿娶亲等婚礼习俗。此风气日渐蔓延，形成了当地特有的婚嫁壮观景象。民间百姓以其丰富的生活情趣诠释十里红妆婚俗的礼仪过程，议婚、做媒、下定、备嫁妆、花轿迎亲、拜堂、闹洞房、请吃茶、回门等结婚礼俗一样也不省。结婚时的千工床、万工轿，十里红妆也一件不落。周边地区也都有仿效，逐渐形成浙东地区特有的十里红妆婚俗现象。

灯架

二、民俗背景

发达的手工技艺是宁海十里红妆婚俗重要的基础之一。十里红妆器物由木作、雕作、桶作、锡作、铜作等诸多工艺形成。宁海历史上传统手工业较为发达，有"百

龙头桶

茶壶

描金匠

圆木成形后的和盒

工之乡"之称，"三百六十行，行行出状元"。聪明的宁海人在劳作之余，也就地取材，做家具，比如桌、椅、板凳、床等，这些都是木匠活。山上多杉木，特别轻软，又不怕水烂，是做各类桶作的好材料，这就又分出一个箍桶匠的行当。工匠们以积分学的原理，将一块块窄而平的杉木块拼成了圆柱形、圆台形的桶，有的还有曲线，诸如水桶、饭桶、果子桶、粉桶、洗脚桶、洗脸盆。西北部山区盛产的毛竹可派大用场，竹匠也就应运而生，俗称"篾作"。用毛竹可以做床、椅，可打竹簟、篾席，可编竹箩、米粉箩，甚至可做出精致的果盒等。

　　宁海境内山高林茂，丰富的竹木资源为雕刻匠师们提供了创作原材料，民间雕刻工艺历史悠久。南宋时期，民间雕刻工艺已趋成熟，宁海是名副其实的"三雕"之乡。宁海的千工床和大红橱、坐椅等，从明代简练、质朴的刀工制作，发展到清代华丽、繁缛的精雕细刻。民国时期，宁海的民间雕匠被人们称为"雕花状元"，蜚声沪上。

刺绣，俗名"绷花"，其历史也很悠久，迨至清末民国初年，城内还有绷花店开设，为女孩出嫁时准备的女红用品提供服务。工匠们不仅创造出生活器皿，更重要的是为即将嫁女、娶亲的人家置办十里红妆。乡间越是富裕的人家，对十里红妆的要求越是讲究，各家都会雇请各种工匠精工细作。可以说，十里红妆集中展示了小木制作、雕刻匠作、漆作、

朱金衣柜

桶作、篾作、铜作、锡作、女红等民间匠作，那雕刻、镶嵌、描金、勾漆、填彩、女红等制作技艺在红妆作品上展现得淋漓尽致。由于"村姑救康王，浙东女子尽封王"的民间传说，宁海十里红妆在制作上尽可以雕龙刻凤，在封建社会里这是其他地方无法实现的。

据宁海西乡周衍照老人介绍，当地流传有这样一则美丽的传说：南宋时期，宁海西乡有一村庄，百姓依靠白溪水而居。此地多肥沃田地，一年耕作两季水稻、一季小麦。

这天。一村姑在村边晒谷场上晒稻谷，忽一人急匆匆奔来，向村姑求救，说后有金兀术的追兵追杀，求姑娘救他一命。村姑见这小后生眉清目秀，不像是坏人，又痛恨金兀术滥杀汉人，就叫小后生

嫁妆雕饰——龙头

嫁妆雕饰——凤凰

备嫁妆

蹲在晒谷场边上，随即取来一个大箩筐罩住小后生，解下拦腰兜盖在箩筐上，然后若无其事地拿起木耙晒稻谷。金兀术的追兵赶到，问村姑可有一人从这里跑过。村姑向台州方向一努嘴，那些追兵就朝着台州方向追赶去了。

等追兵远去，村姑叫小后生起来。小后生千恩万谢，道出自己是当今的皇上——小康王赵构，如今被金兵追击。如果有朝一日能返回朝廷掌握政权，就一定回来报恩，并许诺一定要将姑娘接到皇宫去。无以为凭，他见箩筐上的拦腰兜，顿生一计：就以此拦腰兜为凭，他日来提亲，姑娘在自家门前挂上相同的拦腰兜就知道了。后来赵构定都杭州，由于朝务繁忙，请手下人代为江南寻亲。可那村姑虽是向往皇宫里的生活，但她明白事理，自己一个不识一字的乡下姑娘怎能当得了雍容华贵的皇后娘娘？就在传来皇帝要来寻找她的消息时，她联合村中所有姑娘，全在自家门前挂上拦腰兜。皇帝的亲信到达这个村庄后，看到每家每户门前的拦腰兜，辨不清楚哪一家姑娘是皇帝的救命恩人，没办法，就回去如实禀报。皇帝明白村姑的真实意思，她是不想来皇宫里做娘娘，为了感激姑娘的救命之恩，于是下旨说姑娘所在的方圆百里人家，嫁女时都可享受凤冠霞帔和半副銮驾的厚遇，并且她们的嫁妆都可以雕龙刻凤。从此，浙东女子出嫁就一路红色荡漾，绵延数十里，谓之"十里红妆"。宁海及浙东等地百姓奉行的婚礼习俗也被称为"十里红妆婚俗"。

[贰]宁海十里红妆婚俗的演变

由于结婚是人生最大的喜事，关涉到家庭的幸福和睦、家族香火的延续和社会的和谐安定，因此，有关婚姻的习俗就特别繁多。婚俗中也包含了丰富的文化意蕴，充满美好的情感以及人们对幸福家庭生活的向往。旧时宁海十里红妆婚俗有其严格的礼仪。自南宋以来，就形成了一套完整的婚嫁礼节。宋代陈耆卿《嘉定赤城志》记载："婚姻者，礼之本，所以合二姓之好"；"是以婚姻有纳彩、问名、纳吉、纳征、请期五者之礼，皆主人设几筵于家庙而受之，所以敬婚姻也"。

一、清代的宁海十里红妆婚俗

清代，由于海运交通业发达，商业繁盛，宁海人民物质生活富庶，奢华的红妆婚俗达到了全盛时期。百姓无论家境贫富，红妆是女子出嫁必不可缺的，作为女子今后在夫家生活的必备用具。"有钱人家嫁女儿，中等人家送女儿"，尤其是大家富户，互相比盛嫁妆，风气愈演愈烈。据清光绪年间《宁海县志·风俗篇》记载："婚礼凭媒议婚，以男女生辰互为占。吉，女家许诺，男家钗环及币致礼，士大夫家间有以庚帖与媒。男家卜之吉，转问女家，谓之递恳帖，亦曰过书，即古者问名、纳征、纳吉之意也。越时纳币曰行聘，聘岁家丰俭。将娶之前一年腊月，有馈遗，谓之寄岁。请期曰送吉。娶之前数月有馈遗，曰轿羹。为女加笄，宴亲友谓之开面酒，又曰分面酒。娶之曰奠雁，代

红妆绘画

以家雏。婿家五鼓祀祖先,谓之享先。婿不亲迎,命使者赍名帖,导
彩舆至女家。女家闭门,以钱馈门者,乃启门谓之开门包。舆入,女戴
重巾加衣被,其伯叔或兄弟抱女登舆。女家以亲族或二人或四人送
之半路,谓之送轿。男家亦以亲族四人迎至半途,谓之接轿。舆至婿
家堂前,以幼女二人,请舆前三揖,曳妇出,谓之请出轿。妇入,交拜
堂上,谓之拜堂。交拜毕,行合卺礼。三日见舅姑,舅率子妇朝见。女
家有馈食,谓之馈敬,俗名三日担……"婚姻礼俗,程序如同法定民
约,形成共识,而且依序行之,谓之俗规。

二、民国时期的宁海十里红妆婚俗

宁海婚俗的历史悠久,并且处于不断的变动之中,具有鲜明的
时代特色。到民国时期,宁海的十里红妆婚俗又有了明显的变化。城

镇曾一度风行"文明婚礼"，新娘改穿旗袍，披纱罩，执鲜花，举行结婚典礼。辛亥革命推翻了封建帝制，但儒家思想仍是社会主要的理论指导体系。民间婚俗仍旧沿袭旧制，媒人没有退出历史舞台，婚姻"六礼"程序不变。虽然人们思想开明，已有新式婚礼，但更多的家庭仍按旧式礼仪结婚。十里红妆器物除传统的红妆家具外，增加了洋灯、洋铁车、洋铁桶等时尚的日用器物。具有生育象征意义的马桶、火炉、灯盏等仍是红妆中必不可少的器物。

三、新中国成立后的宁海十里红妆婚俗

新中国成立后，恋爱自由、婚姻自主被写进了新中国的婚姻法。社会讲究男女平等，婚姻自主。特别是妇女经济独立，婚俗向现代化发展，婚礼日趋简化。新中国成立初有扭秧歌送新娘之习俗，但民间的婚礼习俗仍保持着议婚、订婚、择日、成亲、闹新房、回门等做法，传统的重嫁妆的观念和习俗并没有发生多大的变化。在物质供应紧张的情况下，彩礼、嫁妆无从考虑，有了最基本的生活用品就可以了。但一只红板箱、一条红缎被、一只新马桶、两盏美孚灯仍是新人们的追求。"媒妁之约"虽然失去了往日的社会意义，也不同于往日的性质，但媒人的身影却还是时常能够见到。在农村，相亲形式仍多见；在城市，介绍对象之红娘亦普遍存在。

20世纪70年代后期至80年代初期，随着人们生活条件的好转，重嫁妆的传统风气又开始盛行。农村、城里，凡有姑娘待嫁，都要

准备丰厚的嫁妆，成了一个时代生活水准最直接的表现。除了传统的嫁妆之外，一些现代化的生活用品也逐渐挤进嫁奁里，当时普遍要准备自行车、缝纫机、手表、收音机四大件，部分红妆家具也新式化，如雕花眠床被高低床代替，配上新式床头柜；红皮箱代替红板箱；梳妆台、写字台代替了房前桌；当时新缎被就得有十几条，条件好的人家还有嫁过去二十几条的。

现代改良后的马桶依然是女儿出嫁时的必备之物

20世纪80年代后期，人们的嫁妆又出现了许多新鲜的东西，有电视机、冰箱、成套的音响设备等。为弥补女方家因置办丰盛的嫁妆而资金不足的情况，男方

传统马桶是原始的生育象征物

家庭往往事先给予足够多的礼金，使女方家有可能准备在众人眼里显得阔气的嫁妆。发嫁妆的场面火爆异常，一杠杠，一箱箱，从新娘家门口一直排到村前大路上。全村人围着看嫁妆，品评嫁妆好

坏、多少。由于嫁妆颇为丰盛，当时农村、城里又多有拖拉机、三轮卡车，为了方便，人们将传统的用竹杠抬嫁妆改成用拖拉机、三轮卡车运嫁妆，迎接新娘子也用上面包车了。婚礼形式也多样化了，出现了旅行结婚、集体婚礼之举。

进入新世纪，小汽车代替面包车，一溜车队装饰上鲜花，漂漂亮亮接新娘，原先浩浩荡荡的抬嫁妆的队伍也不见了。女方家备妥嫁妆后，早在大喜之前就在男方的新房里摆放好，整齐清爽，省去了搬运

红妆队伍在农村依然可见

工人制作红妆器物

商场中的红妆器物

过程中的磕磕碰碰。虽是这样，但凡嫁妆，还是要贴上红囍字，系上红丝线。

当时尚弥漫了现代婚礼的空间时，为求婚礼的别致个性，也怀念旧式婚礼的热闹场面，许多年轻人又开始热衷于传统的十里红妆迎亲场面。"戴凤冠霞帔，坐八抬大轿"，在宁海的城里乡间，如今见到十里红妆迎亲的热闹场面倒是很平常。人们仍旧保留着马桶、火炉、灯盏等象征传宗接代、延续香火的红妆器物，婚姻"六礼"之程序重新被规范地沿袭。

正是应了此景，在江南宁海，一座占地三百余亩、投资一亿两千万元的十里红妆婚俗博物馆承担了弘扬传统文化的责任。

宁海十里红妆婚俗博物馆

宁海十里红妆婚俗的历史形态

宁海十里红妆婚俗，是江南传统婚俗文化历史传承的一个典型案例。婚俗中的主体结构和程序沿袭了中国汉族婚姻必定要经历的纳采、问名、纳吉、纳征、请期、迎亲『六礼』，承袭了中国汉族旧时明媒正娶的传统程式。宁海十里红妆婚俗进行过程中的繁文缛节，又浸出地反映了浙东沿海地区人民民俗婚礼的传统程式。宁海十里红妆婚俗进行过程的生活风貌，是不可多得的民俗遗存。

宁海十里红妆婚俗的历史形态

[壹]宁海十里红妆婚俗与传统生活

"浙东女子尽封王,半副銮驾迎新娘。三寸金莲女儿梦,十里红妆古越风。"宁海十里红妆婚俗表现的是旧时宁海及浙东地区特有的奢华、热闹的婚嫁场面。

旧时宁海等浙东地区的富家大户嫁女时嫁妆丰厚,大到床铺家具,小到针头线脑,从金银首饰、衣裳布匹、烛台灯火、橱柜桌凳、

凤冠霞帔

杠箱

銮驾之一

嫁资杠

半副銮驾

箱笼被帐、冠巾鞋袜、铜盆器皿、瓷漆杯盘、梳洗用具到珠玉珍玩、文房四宝，凡新娘嫁到夫家的生活所需样样齐全，应有尽有，浸透着父母的深情，寄托着女儿的梦想。结婚大喜之日，娶亲队伍绵延数十里，銮驾、喜牌、花轿、马桶担、穿箱杠、红板箱、梳妆台、红橱、酒担等，挑的挑，抬的抬，浩浩荡荡，蜿蜒前行。鼓乐齐鸣，爆竹连天，转弯鸣锣，过桥放铳，流光溢彩，喜庆繁华。"精致万工轿，聪雪闺中人"，梦幻般的少女情怀由此画上句号，迎接新的人生，寄托新的希望和梦想。 如今，十里红妆婚俗的热闹场面已渐渐退色，曾经让古代妇女恨过、爱过和荣耀过的生活方式和生活空间成了难得的民俗遗存，但新嫁娘銮驾、花轿、凤冠霞帔如公主般的待遇依然使年青一代憧憬，也因此，在日新月异的时代里，宁海等浙东地区一带

红妆绘画

红妆木雕中的男女嬉戏图

的乡间仍一直保留着、延续着传统的十里红妆婚俗。

[贰]宁海十里红妆婚俗的嫁娶程式

宁海十里红妆婚俗，是江南传统婚俗文化历史传承的一个典型案例。婚俗中的主体结构和程序沿袭了旧时明媒正娶的婚姻必定要经历的纳采、问名、纳吉、纳征、请期、迎亲"六礼"，承袭了中国汉族民俗婚礼的传统程式。宁海十里红妆婚俗进行过程中的繁文缛节，又突出地反映了浙东沿海地区人民的生活风貌，是不可多得的民俗遗存。

婚姻礼俗是男女建立婚姻关系的必要途径。旧时婚姻皆由父母做主，媒妁说合，讲求门当户对。儿女必须遵从父母之命，媒妁之言。古人云："天上无云不下雨，地上无媒不成婚。"婚姻"六礼"都是由媒人逐一实施，一应礼节套路都由媒人两头传话。人们顽强地坚守着传统的礼俗观念，嫁娶双方在婚礼前后忙碌而兴奋，以十里红妆的大排场嫁女娶亲。

一、议婚

男大当婚，女大当嫁。宁海人十分重视议婚。许多家谱里都有严格、详细的族规规定子孙娶亲的要求，因为这关系到该宗族的兴衰强弱。男女结合，理想是"郎才女貌，天作之合"。但由于婚姻无须结婚当事人同意，也不能自己选择喜欢的结婚对象，父母往往考虑财富、门第，并不注重男女双方的品貌、年龄和情感。因而事实上也有在才智、形体或容貌等方面不相配而受社会讥讽的，诸如"鲜花插在牛粪上"、"癞蛤蟆想吃天鹅肉"等。长辈重在考虑男女双方的生辰八字是否相配，所以必请算命先生排八字，如果是"六合"，则终成眷属；反之，如果是"六冲"，概不提婚事。

生肖就是人的属相，一个人不管生于何年，都有一个相对应的动物作为属相，有"子

红妆屏画中的媒人形象

鼠、丑牛、寅虎、卯兔、辰龙、巳蛇、午马、未羊、申猴、酉鸡、戌狗、亥猪"十二生肖。民间认为谁是哪一年出生的，属性就是什么动物，性情也就很像那种动物，并具有那种动物的禀赋，或者至少在某些方面和这种动物是相似的。在议婚时，当地民间有俗语："白马怕青牛，羊鼠逢蛇马上休。蛇遇猛虎如刀剉，兔若逢牛泪自流。金鸡见犬夫不长，猪若逢猴不到头。"这是说马与牛、羊与蛇、鼠与蛇、蛇与虎、兔与牛、鸡与狗、狗与猴等属相是相克的，不适合婚嫁。又"辰子

申忌蛇鸡牛, 巳酉丑忌虎马狗, 寅午戌忌猪羊兔, 亥卯未忌龙狗猴"。辰子申, 即龙鼠猴; 巳酉丑, 即蛇鸡牛; 寅午戌, 即虎马狗; 亥卯未, 即猪兔羊。另外, 还有"两虎相斗, 必定短命", "龙虎斗, 灾难凑", "老虎叼羊"等说法。民间认为大吉大利的属相配合是: 蛇与猴、兔与狗, 或两只羊、两只狗等, 可使家庭福寿双全, 家财万贯。当然, 在今天, 这种男女属相配合的宜与忌, 看来无半点现代科学可言, 但还是传承下来, 民间硬是有许多人宁愿相信它。

属相是固定的, 和属相相关的是年龄, 这种不可更改的因素, 也成为男女青年结合的障碍。人们普遍认为, 为避免灾难的出现, 在婚龄上也应有诸多的禁忌。比如"男大一, 女大二"、"女大三, 抱金砖"等俗语就印证了这种民俗现象。宁海当地人家还有这样的习俗: 娶大媳妇就一定要娶个年龄稍大于自家儿子的女子, 嫁过来后可以主持家事, 挑起家里的重担。

"合八字"又称"合庚帖"。由于事关儿女的终身大事, 故民间对八字配十分讲究。民间认为, 姻缘是天定的, 人们通常借"天定"之神圣、威严来规范百姓的婚姻关系和婚姻行为, 天定姻缘的一个重要程序是形成于周代的"六礼"中的"问名"。这一仪式, 到后代逐渐演变成为"合八字", 也即"合婚"。其具体做法为: 对女方的生辰八字以及男方的生辰八字进行占卜, 以定凶吉, 确定双方出生年月日是否相生相克。古人将生辰八字与阴阳五行结合起来, 如甲子、乙丑属金；丙寅、丁卯属火；戊辰、己巳属木；庚午、辛未属土；壬癸、亥子属水等。五行相生相克的原理，是预测婚姻能否成功的理论依据。而男女双方的五行年命，则是推断婚姻可否的具体方法。民间星相家认为，两水、两火、两土、男金女水、男火女土、男土女金、男土女火等命相结合，可以相生相成，大吉大利，家道兴旺。而两金、两木、男金女木、男金女火、男木女金、男木女水、男木女土、男水女土、男水女火、男火女金、男火女水、男土女木、男土女水等命相结合，则会相克相败；如果勉强缔结姻缘，结果一定会灾祸横生。趋利避害是人的天性，所以世人都极力避免相克相败的结果，而去追求相生相成的婚姻。

合八字之前要写庚帖，即写有当事人姓名、出生年月日等的帖子。庚帖写在红纸上，分男庚和女庚两份。庚帖一般请择日子的先生写，也有请教书先生写的。填写出生年月日时必须用天干地支来写。将庚帖装在一个大红的封套里，外面写上"百年好合"、"天成佳偶"、"永结同心"等吉利的话语，寄托婚事成功的愿望。传

帖盒

送和取庚帖要十分慎重，一般由媒人在黄道吉日里提着帖盒传送。男女双方在收到庚帖后，要去择日子先生那里排八字。如果合了，请媒人传带消息，两家准备商定婚事；如果不合，那就不了了之。为了祈求婚姻能成，男方家人常会把庚帖压放在灶神爷的神龛下，求得灶神的保佑。

科学发展到今天，这些并不科学的习俗当然不是现代人所要传承的，即便在传统社会中，也有许多有识之士并不相信。现代年轻人择偶条件的考虑，无外乎就是地位、才干、容貌、财产、健康等因素，但也重视生肖忌讳，还强调要"八字配"。

媒人在传统婚姻中发挥着巨大的作用。宁海人讲究"有媒有聘"，一般经媒人撮合才能喜结连理。媒人信息灵通，知道谁家有女待字闺中，谁家有男欲娶妻。另外，传统社会的人普遍认为，缔结婚约，事关荣辱，如果被拒绝，就很没面子，通过媒人无需直接面对。再说，媒人有处理复杂的婚姻过程的经验，特别是礼钱物品之间的讨价还价，如同一桩交易，更需媒人从中斡旋。所以有俗语说："媒婆的嘴，溪坑的水。"媒人可以主动揽活，为男女双方牵线搭桥，也可以是受人之托，成全好事，有点职业性质。媒人不管做媒成功与否，一经操办，双方都要拿出礼物表示感谢。

二、下定

经过议婚，得到双方父母的同意后，男方家就择日下聘礼，宁海当地称之为"定恳帖",也有叫"下定"的。男方准备好聘礼,选一黄道吉日请媒人送到女方家,聘礼包括礼钱、首饰(金戒指、银项圈等)和衣料等,数量多少依男方家庭条件而定,也有女方刁难男方的,提的物质条件要高一些。女方接受聘礼后,中午设宴款待媒人。饭毕,女方将早已准备好的红小袋、肚兜、红鸡蛋、什锦果子等交予媒婆带回男方家。男方家人将果子分给邻居们吃,宣告本家男孩有意中人,订婚了。此后男女两家家长就可以公开往来,但女方姑娘一般不能来男方家,否则要被人说闲话。逢年过节,男方都要送礼,俗称"送节",端午、中秋、年夜三个大节是省不了的,年夜最为客气,一般都要送一个三十六斤重的猪蹄和一斗糯

礼盒

鹅桶

礼担

米,称"斗米猪蹄"。春节,毛脚女婿在兄弟、朋友的陪同下先到女方家拜岁,女方要给礼钱。有些姑娘随后也在女伴陪同下回礼,男方要加倍送礼钱。

　　定情信物是十里红妆婚俗中确定男女爱情关系的一种形式，当地百姓认为：男女相交，若相互赠送手帕、戒指、项圈以及凤钗、荷包等物，爱情关系即确定。接受信物的一方，要以另一信物回赠。男女双方通过媒人互赠信物后，若后来有变故，一方将信物退回，意味着爱情的失败。如果婚事成功，双方将珍藏爱情信物，以示爱情天长地久，夫妻白头偕老。

　　戒指。在所有的信物中，戒指是最流行的一种。戒指又称"指环"，多以金、银、铜为原料制作而成，环状。环的首尾连接，没有裂缝，意味着永久。现今不论在城市还是农村，青年男女结秦晋之好时，大都由男方向女方赠送一枚戒指，以作定情之物。戒指，作为心心相印的爱情的象征物，已得到越来越多的青年男女的喜爱，戒指在他们的爱情和婚姻生活中起到重要的联结作用。

　　手镯。戏曲《拾玉镯》是家喻户晓的故事。少女孙玉娇坐在门前绣花，被小生傅朋见到，傅朋爱上了孙玉娇，便借故和她说话。傅朋的多情也打动了孙玉娇的心。傅朋故意把一支卞镯落在她的门前，孙玉娇含羞拾起，表示愿意接受傅朋的情意。如今乡间经常能见到女子戴着美丽的手镯，古典与现代不经意间融为一体，成就了一种带古典意味的时尚。

　　耳环。"何以致区区？耳中双明珠。"穿耳习俗由来已久。耳环或纯金打制，或银制镀金，或镶嵌白玉、宝石、珍珠、玛瑙，或翠鸟羽毛

贴面装饰, 玲珑雅致。耳环作为定情之物的习俗一直流传到现在, 至今江南的农村定亲必会有一对金耳环送至女方家。

玉佩。"何以结恩情?美玉缀罗缨。"古人把美玉比作君子之德, 具有仁、智、义等君子品德。罗缨是装饰玉佩的彩须。女子出嫁时系在腰间的彩色丝带, 表示人有所属, 名花有主, 也是成婚的标志。有一种一石二品的玉饰, 成双搭对, 有凤凰、狮子, 一公一母, 可分可合, 是专门为定情制作的玉佩, 是她或他一生中重要的爱情信物。

钗。也称"头钗"、"发钗", 有各种珠宝点饰于头钗,

银饰

也是传统爱情的信物。古代妻妾或恋人有赠别的习俗, 女子将头上的一对发钗一分为二, 一个赠予对方, 一个留在头上, 睹物思亲, 待日

后重逢时再合在一起。

簪。"何以结相与？金薄画搔头。"搔头是簪的别称。相传古代有位女子为远方的情人准备了一支簪子，簪头上加两颗珍珠还觉得不够美，再穿上玉饰，她把对他的思念都倾注在这支簪子上了，却未料"闻君有他心"，于是她把那簪子烧掉了，从此"相思与君绝"。簪子插在头发上，人走一步，簪子摇一下，人们干脆给簪子取了一个生动的别称——步摇。

同心结。古人表达情感的信物。女子用连理线穿上双针，将丝丝缕缕的锦带编成各色同心结，绵绵思恋也就蕴含其中了。相对其他信物，同心结更含蓄，而且深深地融入了恋人的巧妙构思。

红豆。"红豆生南国，春来发几枝。愿君多采撷，此物最相思。"自古以来，红豆作为恋情的信物，象征着男女性器中最敏感的部位，自然是古人有意识的浪漫想象。往往是红豆外包镶着白银，连接着银链条，是男儿或女儿垂挂在内衣腰带处的隐私之物。

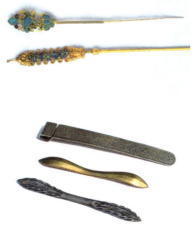

银饰

手帕。手帕是擦拭妆容的，也载满了闺房姑娘的忧愁与喜悦，成为多情男女的爱情信物。手帕上多绣有具个性特征的文字和图案，不仅是闺房小姐的隐私，更是她们才情和品行的流露。

这些首饰、信物是十里红妆婚俗文化的重要组成部分，对禁锢在封建礼教制度下的闺房女性来说，寄托了她们对心上人的情思。

三、送日子

男方家人请算命先生择定迎娶的黄道吉日后，一般在离婚期还有半年的时间里就要向女方"送日子"，呈上"日子帖"。一般准备的礼物有女方姑娘结婚穿的衣服料作及礼钱等。"日子帖"装在帖盒里。来往于两家的帖盒专门盛放"六礼"信物，是婚姻"六礼"的见证。帖盒扁而小巧，上面彩绘着和合二仙，雕刻着"福"、"禄"、"寿"、"囍"等吉祥纹饰，祝愿男女平安和合，幸福美满。女方根据所送财物的多少和自家情况准备嫁妆。在"送日子"的过程中，女方家要告诉男方家该准备多少猪蹄送女方的长辈，男方家也告诉女方家该准备多少双棉鞋在婚礼请吃茶时赠予男方长辈。所有往来事项都由媒人传话、调和。

四、备嫁妆

准备嫁妆是复杂的过程。做嫁妆要选择黄道吉日，动用木作、雕作、漆作、桶作、制衣作等"百作手工"。一般人家要有婚床、红橱柜、红板箱、红衣架、房前桌、大脚桶、红果盘等，还有红马桶、子孙桶。请木匠师傅制作橱箱床柜等，请箍桶匠制作马桶、果盘等桶作器具；请来农村中的女红高手裁制嫁衣，刺绣被服衣帽等。父母会在红嫁妆中的各色木桶、瓷瓶里装满各种果实，祈求女儿结婚后能早生

梳妆台

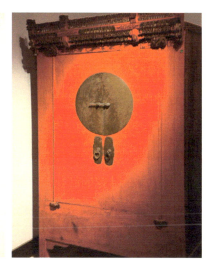

大衣柜

洗脚盆

准备嫁妆

贵子。结婚仪式需要的和气食、红鸡蛋、冻米糖、糕点等也须准备妥当。当地有些大户人家还会在女儿五六岁时就开始准备嫁妆,到女儿十八岁左右出嫁,至少是准备了十多年,可见其嫁妆之丰厚。

将近婚期,女方亲友及邻居都会送贺礼给姑娘,叫"助嫁"、"待嫁";男方娶亲,则送老酒、状元糕以及红纸包(内放钱币),称"贺喜"。助嫁的,一般送些蛋及茶杯、毛巾、枕套等日杂小件物品,如果邻居搭送上干面的,那大喜之日是要请吃喜酒的。娘舅和姨妈、姑妈等长辈要吃男方家送的猪蹄,所以每家要送一床彩缎被。自家的兄嫂也要送一床被子给小妹。结婚那天是姑娘家显示富有的时候,所有陪嫁的红妆全部排摆在新娘家门口的路上,让周围邻居观看。红妆队伍很长,民间称之为"十里红妆",从女红用品、内房家具到厨房家什等,应有尽有。有些大户人家为了炫耀自家的富有,甚至将山林田产的契约书也作为嫁妆送给女儿。宁海当地流传有这样一个故事:新媳妇结婚第三天,婆婆要她掌勺烧饭给大家吃。妯娌为了试探新媳妇家的富有,将柴仓的柴火全部藏起来。新媳妇没办法,拿出自家压橱的成捆苎麻线烧饭。妯娌惊呆了,没想到新媳妇家竟是如此富有,从此对她刮目相看。由此可见乡间人家准备的嫁妆之丰盛。

五、迎亲

佳期将至,男女双方家都忙碌起来,各行当由一管事的分派妥当，请厨师采购菜肴，叫邻居帮忙杀猪宰羊，大家各司其职，相互协作。举行婚礼也叫"拜堂"，这一天，宁海人称为"日子"。为使家庭兴旺安定，事事顺利，如果"日子"中有不利的因素，就要算命先生输符以解晦。结婚是喜庆的日子，红色是婚嫁的主色调。男女双方的家门上都贴上红对联，堂中贴着红囍字，梁头上点着红纱灯、红烛。喜庆的色彩凝结着人们对新人美满、幸福生活的深深祝愿。

在宁海十里红妆婚俗中，女方家的酒宴菜肴等要由男方家拿出。结婚头一天，新郎的弟兄们将杀洗干净的半只猪、两只活鸡及相应数量的大鱼、鱼胶、冬笋等放在穿箱杠（当地一种专门为婚礼准备的扛抬小件物品的器具）里，抬到女方家，称之为"送猪肉"。男方家要送得客气些，女方家也要招待好送猪肉的弟兄们，否则第二天新娘和伴姑到新郎家后，弟兄们会捉弄她们的。如果新娘的舅舅、姨妈等送了被子的要请吃猪蹄的，男方家也可以在这天一并带过去送呈亲戚。

当天晚上，男方家要办"还福酒"。先准备物品祭祀祖宗、神明，敬请祖宗和神明保佑儿孙延续后代，然后亲戚朋友们一起吃还福酒。晚上，男方家要请一身体强壮的后生和新郎睡在新床上，意思是"压床"，以后新郎、新娘会身休健康，生出的小孩也活泼可爱。女方家的这一餐酒宴，称之为"请大业"，意思是女孩吃了这一餐后就要嫁为人妇了。女方家姑娘的叔伯等亲戚也会烧了好菜端给姑娘吃。

　　"日子"当天，男方一早就派遣"马桶小叔"到女方家去担马桶，包括花轿在内的其他迎亲队伍则在吃了早饭后再出发去迎亲。"马桶小叔"是男方家的代表，由他挑走马桶是约定俗成的规矩。迎亲的弟兄朋友们除了带去抬嫁妆的担、杠等器具外，还要担上一担老酒，好让女方家中午可招待迎亲队伍。还要担一对担篮，俗称"送正担"。每一担篮有三格，内中必须准备的物品有：三十六个鸡蛋、厨头包（送给厨头的礼物，一般是香烟、钱物等）、梳头包（给伴姑小妹吃的果什）、更人钿（也叫"肚痛钿"，孝敬丈母娘的）、请帖（敬请亲家来女婿家做客），另外一格则放置一盏米、一盏猪油、一盏白糖。女方家拿走厨头包、梳头包和更人钿，在空格上放上和气食（一种糯米制成的圆形麻糍，上嵌有红枣，拿到男方家后，切成小块，待闹洞房和分三日时分给大家吃），如果亲家不去女婿家赴宴的，那就不动请帖；如果要去的话，就收下请帖。

　　女方在"日子"这天的五更时分要举行"开面"仪式，即请儿女双全、福分好的老年妇女用一两条红丝线相互交错，替新娘绞去脸上的汗毛，这样新娘的肤色会变得粉嫩好看。此时新娘在自己的房中沐浴完毕，请伴姑梳好头发，站在竹匾里，穿戴好凤冠霞帔，围上拦腰兜，折掖完整，再在拦腰兜里放上许多红鸡蛋，新娘两手攥紧兜口不放松，就不能随意走动了，伴姑小妹掇条椅子放在竹匾里让

开面　　　　　　　　　　　　　开面用的线

　　新娘坐，一直等到上轿。新娘穿的大红裙，由福分好的老太太拿红鸡蛋从腰间滚到下面，俗传这样可使新娘婚后生孩子像母鸡生蛋一样便当、顺利。其间新娘要吃"离娘饭"，也由儿女双全、福分好的老太太来喂，新娘只是象征性地吃几口。

　　当男方派来浩浩荡荡的迎亲队伍在乐队热闹的吹唱下到达新娘家门口时，女方的亲戚朋友将大门关住，向迎亲队伍讨要开门红包后才可放行。随迎亲队伍来的媒人塞进果包和钱币，很客气，否则不放行的。迎亲队伍进入中堂后，女方客气地招待他们，请吃甜茶和甜糯米圆子。吹鼓手在中堂边上坐定，一直热闹吹唱。女方当天中午的酒宴称之为"上轿酒"。酒宴后，迎亲队伍开始发嫁妆。女方早将嫁妆搬出来，贴上红囍字，缠上红丝线，绕上红绸缎，放在天井中。首先让"马桶小叔"用两头弯的翘扁担担走马桶。马桶放在女方家准备的青布口袋里，里面放上一只未染色的鸡蛋、若干红鸡蛋、红花生和红银杏、红板栗、枣子及染红的棉花絮。用上青布口袋意味着"代代相传"，马桶里放上鸡蛋和花生、板栗等果实，寓意新娘嫁到男方家后就能生孩子。未染色的鸡蛋属"马桶小叔"专有，等新娘过门后，可以此换回多个红鸡蛋，讨讨彩头。另一只青布口袋装进裹着拦腰兜的草席和布帐以及一只小脚桶。如果当天同村有多个人结婚，那"马桶小叔"就要力争早担马桶到男方家了，有些甚至头天就住到女方家，半夜十二点钟一过就挑来了，以合"早生贵子"的吉兆，说是争早就能争到好风水，能生儿子。抬嫁妆的弟兄们将嫁妆捆扎好，按次序一杠杠排列好，大件的在前，先是大木眠床，再是大小不一的橱柜等，红板箱后是一杠杠的被子，然后是小件的物品，都放在穿箱杠里抬。最后是男方家担来的正担。有些富裕的人家往往在大橱柜、红板箱里装满稻谷，俗称"压橱"，意思是女儿嫁过去免受夫家人的责难，一开始就不愁吃。后来大家跟风，穷人家就以甘蔗、新鲜大萝卜代替，可累坏了抬嫁妆的人。

　　红妆队伍排列整齐后，女方分发给每一个抬嫁妆的人一对红鸡蛋，一行队伍早于新娘，于午后在热闹的鼓乐声和鞭炮声中出发了。邻居们要看嫁资丰盛与否，常会站在路边评论。抬嫁妆的人故意一

引人注目的嫁妆

准备的棉被颜色也是充满喜庆

一杠一杠已备好，只等待吉时

炮仗一响，气氛热烈

花轿到女家

甩一甩,将嫁妆抬得很轻松,显示新娘家的富有与喜气。

同样,嫁妆抬到男方家后也要放在路旁让邻居看,然后一件件抬进新房摆放好。待新娘到时,房间已全是红嫁妆,粗大的红烛竖在八仙桌上,红光夺目,十分亮堂。

当十里红嫁妆全部搬进新房之后,夫家人邀请村中儿女双全、福分最好的老太太来铺喜床。铺喜床时,禁忌孕妇和寡妇参加。铺喜床的习俗虽不见于古代的"六礼"之中,但是在完婚之前为一对新人准备安寝之处,也是人之常情,再加上婚床本身即是供男女交合和生育的神圣的地方。民俗中,铺放仪式也相当讲究。新床上的被褥全是新娘嫁过来的喜被。喜被缝制时,引线不能打结。意思是新娘嫁过去后凡事能顺顺当当。铺床的老太太先将"马桶小叔"担来的青布口袋铺在床榻上,青布口袋要待一个月后方可拿走。然后铺上新草席,在上面撒些枣子、桂圆、板栗之类含子的干果,祈求新娘嫁过来能早生贵子。草席上是有龙凤呈祥图案的垫被,日常生活中垫被面子是朝下的,但结婚那天,垫被的红缎面子一定要朝上。新娘新郎结婚当天盖的被子称"百子被",红缎被面上绣的是七彩百子嬉戏图,有其象征意义。红缎被子里夹有娘家带来的染色鸡蛋和板栗等干果,一般不能拿开,称"被下擂"(擂:当地俗语,"滚"的意思),等晚上新郎新娘就寝时享用,说是吃了能早生贵子。也有人先偷吃了,希望自己也能分享好运。铺喜床的老太太有时会拿出一小部分分给看新房的小孩品尝。新娘家必须准备一床被子，一定要是青布上点缀白花的，称"青布被"。旧时乡间有说法，新娘子嫁人，没有青布被，即使有很多的红缎被，也不能算该家富有。青布被在新娘以后生产后是一定要盖的。

为了表达美好的愿望，铺好喜床后，接着要"滚喜床"。找一个小男孩，最好是新郎的外甥或侄子，让前来迎亲的年轻妇女抱到喜床上，满床翻滚，滚遍喜床的每个角落，看新房的人也跟着一起引逗、笑闹。兴致过后，将小男孩抱下来。"滚喜床"的目的是希望新娘嫁过来后当年能生个大胖小子。"照床"是铺喜床的延伸。当新郎新娘入洞房的时辰快到时，原先铺床的老太太拿一只盛满红鸡蛋的木升

传统木雕床现在已经不用了，但婚礼时依然坐在老床上留个影

子（量米的器具），插上两支点燃的红蜡烛，放在喜床上，让烛光照耀新床。从结婚那天开始的一个月内，新房中的喜床是不能空床的，如果某一天新郎新娘不在家，那就得由小叔子或小姑子代睡喜床。

朱金婚床

　　娶亲过程中，最热闹的是民间乐队的吹奏。铜喇叭打前阵，铜锣鼓钹在后，乐声喧天，鞭炮齐鸣，气氛相当热闹。待吉时到，鼓乐手吹唱"上轿曲"，催新娘下楼起轿。吹过三遍后，新娘的兄弟抱起新娘走向花轿。当地习俗，新娘不能下地，生怕一下地沾了自家的泥尘，娘家风水被带走。新娘父母亲在新娘出门时是要回避的，其他亲戚都可以送她到家门口。此时新娘要流点眼泪，被称为"离娘泪"，感谢父母亲的养育之恩。鼓乐手吹起"上轿曲"，轿夫抬起花轿，准备出发，娘家兄弟拉住轿杠原地三进三退后放手，让花轿前行。鼓乐手在前吹奏，花轿前面有打黄罗伞的仪仗队，用半副銮驾开道，好似娘娘出游，这是浙东特有的风俗现象。媒婆提着红小袋跟在花轿旁，多个伴姑小妹紧跟在后，娘家兄弟挑着装满糖果的朱红圆桶紧跟在后，一行人浩浩荡荡向新郎家进发。

　　旧时花轿有四人抬和八人抬之分，大户人家还有十六人抬的大花轿。每过一座桥，新娘都要从随身带着的小红袋中拿出一个芝麻结，解开后，抛出花轿。每经过一个村子，新娘抓一把盐米撒出去。送亲的队伍一路上吹吹打打，吸引了很多人夹道观看。新娘坐在花轿里是看不见的，围观的人故意将早已准备好的棕榈籽或苞谷米撒向伴姑小妹，俗称"打新娘"，打的却是伴姑小妹。

宁海县双林村林氏娶顾氏及下代婚嫁传承情况

代 别	姓名	性别	出生年份	文化	嫁妆情况	结婚时间	传承关系	居住地
第一代	顾　氏	女	不详	不详	200余件	20世纪20年代	太祖母	桥头胡下洋村
第二代	林彩莲	女	1929	不详	100余件	20世纪40年代	祖母	桥头胡麻车村
第三代	何爱妹	女	1948	小学	50余件	20世纪70年代	母亲	大佳何村
第四代	王意君	女	1975	中专	20余件	20世纪90年代	女儿	大佳何溪下王村

	顾氏嫁妆情况（200余件）
第一代	马桶、大红板箱两只、幢箱柜三只、房前桌、大红柜两只、床头小柜两只、春凳两条、二斗小桌两张、绣桌、鼓凳四只、方凳四只、八仙桌、梳妆台、梳头台、面盆架、衣架两只、小姐椅、圈凳两条、高脚盆、低脚盆、火炉架、礼箱两只、酒坛两只、套篮、饭篮、娘家篮、担篮、贴花皮箱、描金大箱、小板箱、果盘十六只、压绷石、绣花绷、织带机、合盒两只、针线箩、针线盒、服装二十件、红缎被十六条、枕头八只、麻丝桶两只、荷包十只、肚兜六只、虎头鞋十双、青油灯两只、子孙桶、手提桶、金莲桶两只、洗脚桶两只、龙纹桶两只、大小粉桶六只、茶壶桶两只、小水桶两只、小拗斗两只、双喜瓷瓶两只、锡瓶两只、锡酒壶两只、瓷茶壶两只、铜镜、铜熨斗、铜脸盆、锡烛台、铜手炉。

（续表）

	顾氏女林彩莲嫁妆情况（100余件）
第二代	马桶、红板箱两只、幢箱柜两只、房前桌、大红柜两只、床头柜、春凳、二斗桌、绣台、鼓凳两只、方凳四只、八仙桌、梳妆台、面盆架、衣架、小姐椅、圈椅、大脚桶、小脚桶、礼箱、酒坛、套篮、饭篮、娘家篮、担篮、皮箱、樟木箱、小板箱、果盘八只、压绷石、绣花绷、针线箩、针线盒、服装十五件、红缎被十条、枕头六只、荷包五只、肚兜两只、青油灯、子孙桶、龙纹桶、大粉桶、小粉桶、手提桶、茶壶桶、大水桶、小拗斗、合盒、麻丝桶、鹿纹桶、脚桶、铜熨斗、铜手炉。
	林彩莲女何爱妹嫁妆情况（50余件）
第三代	马桶、红板箱、幢箱柜、房前桌、大红柜、床头柜、二斗桌、方凳、条凳、面盆架、大脚桶、小脚桶、套篮、饭篮、娘家篮、樟木箱、小板箱、梳头台、果盘六只、针线箩、服装五件、红缎被六条、枕头四只、青油灯、子孙桶、大粉桶、小粉桶、水桶、铜手炉。
	何爱妹女王意君嫁妆情况（20余件）
第四代	马桶、红面桶、开门箱、床头柜、三门大柜、红脚桶、红板箱、红棉被、绣花枕头、红癸盘、火炉、油灯、锡瓶、酒壶、公婆鞋等。

六、拜堂

花轿到达新郎家门口，照例是亲戚朋友"拦轿门"，增添婚礼热闹、喜庆的气氛。媒人好话说尽，通融后从随身带的小红袋里抓一把糖果、钱币抛撒进大门，待众人围抢时，趁势冲开大门。此时鞭炮炸响，鼓乐齐鸣。花轿进了男方家大门，要进行放轿仪式，接连放下抬起，连放三次，连抬三次，意思是去尽路上所染的不祥之气。此时

喝彩声四起，轿前轿后围满了人。待
吉时到，才可揭开轿帘。新娘在媒人
和伴姑小妹的搀扶下从花轿里走出
来。男方家早已铺好从落轿处一直延
伸到中堂的麻袋，并在花轿前撒上五
谷杂粮。新娘一下轿就要踏走五谷杂
粮，跨过火盆，此时新郎家的伴姑小
妹接替新娘家的伴姑小妹，牵着新娘
向中堂走。

　　拜堂的中堂，也称为"喜堂"。拜
堂仪式举行时，禁忌戴孝的人和结
婚多年而无子嗣的人进入。喜堂正
中张贴着大红的囍字，红灯高挂，八
仙桌上供着丰厚的礼品。红烛亮堂
堂，一切喜气洋洋。新郎的父母亲坐
正中，两旁坐的是长辈。新郎也打扮
一新，穿上状元衣，戴上状元帽，立
在边上。司仪主持拜堂。俗话说"拜
堂成亲"，新郎新娘结婚必须行过拜
堂礼方可成为夫妻。一对新人一拜天

新娘要由兄弟抱着上轿

新娘用的跨火盆

新娘到夫家，现在都捧着鲜花，这是
先前所没有的

地，二拜高堂，夫妻对拜。三拜毕，伴姑拿来一条中间打上同心结的红绸布，新郎新娘一人一端，在伴姑的引领下送到新房中，在新床沿上坐定。之后新郎要回中堂内陪伴宾客，新娘就不出新房门了。

男方家选定一位福分好的老妇人先给新娘喂茶。老妇人舀起一瓢茶喂给新娘吃，每喂

夫妻对拜，互敬互爱，白头偕老

拜堂时必拜高堂，感谢父母养育之恩

喂饭

一口都要讲一句好话，如吃到桂圆，就说"早生贵子"。新娘只是象征性地抿一口，不能多吃。一会儿那老妇人又来喂饭。一大碗白米饭上覆有两大块猪肉、两只大肉圆、两条黄鱼，新娘各样都要吃三口，老妇人一边喂，一边讲吉利话："娘饭香，夫饭长，夫妻过日子商商量量。"

喂茶和喂饭时，新娘都不撩开红盖头，只是让老妇人简单喂几口。这时，男方家请来一小男孩到新房里往马桶里撒尿，称"拉马桶尿"，讨个好彩头，新娘结婚后不久也能生小孩，传宗接代。小孩撒完尿后，伴姑将准备好的果包送给他。

新娘进门到晚宴开始前一段时间，讨饭人要来"唱贺喜"。本地习俗中有这样的规定，凡是来贺喜的客人，主人一律要平等看待。讨饭人同样也是客人，应如对待四亲六戚一样，安排他们一桌酒菜。亲戚以钱物贺喜，讨饭人以讲好话、"唱贺喜"为礼。无论哪一家主人都欢迎讨饭人"唱贺喜"，讨得彩头。"唱贺喜"是在新娘进门后、酒宴开始前进行。婚礼上"唱贺喜"一般在三个地方进行，一是中堂，二是新房，三是厨房，三个地方的唱词各有不同。

一个讨饭头带两三个小讨饭来到大门口，道一声祝福，在管事的应允下来到中堂，开始"唱贺喜"。讨饭头先唱一句词，小讨饭们跟着叫一声"好"。如领头唱"上挂灯结彩"，众小讨饭接一句"好啊"；"金砖铺地"，"好啊"；"本家公子今娶亲，今娶亲，今娶亲。万岁基业今开新。舅公大人东边坐，西边坐的是亲朋，上八洞大仙也来贺喜，皇母娘娘带贺礼……"，"好哇"。

中堂唱了之后，讨饭人要到新房门前唱。唱词如下："洞房花烛红滋滋，好似万岁金銮殿。新郎是头戴桂枝状元郎，新娘是凤冠霞帔的正宫昭阳。今日做新妇，过了二十年做婆婆。再过二十年，还要做太婆婆，子子孙孙半朝课。"夸得新娘羞答答，赶忙吩咐伴姑拿些红鸡蛋等礼物赠给讨饭人。

然后讨饭人到主人的厨房间，高声唱道："厨倌老师好手艺，手中刀勺快如飞。煎了黄鱼两面胖，烧了鸡鸭两面黄。厨有厨倌，客有客倌，门有门倌，饭有饭倌，酒有酒仙大人，荣华富贵万万年。"唱毕，管事的吩咐厨房准备一桌酒菜安排在离中堂远些的角落处给讨饭人吃。讨饭人吃了后,将剩下的酒菜装在自备的甑里带回去。

晚上的酒宴称为"落轿酒"。喜筵要按宾客身份的尊卑长幼排定座位,由司仪一一引入座。东一首席位是新郎的大娘舅,依次是二娘舅等,西一首席位是姑丈,再是姨丈等。筵席酒菜是十二大碗,上菜有一定的规矩,待上大肉后,新郎给宾客敬酒,敬不好要罚酒,如果新郎不胜酒力,弟兄们要代替喝。另外准备一桌酒菜,陪伴新娘来的伴姑小妹坐在新房里吃。

当晚喜筵结束后,喜堂中还要进行公公的"扒灰"表演。"扒灰"两字在今天的人看来是十分陌生了,原指公公和媳妇偷情。传说唐伯虎儿子有个小妾,娇媚风骚,常常与公公调笑相戏。一日,唐伯虎在满是灰尘的桌面上用手指写道:"身若杨柳桃花面,肥水不落外人田。"此时有文友来访,儿媳妇急忙用手将桌上的字抹掉。此事传扬开去,从此,若有公公和儿媳妇有染,便称"扒灰"。故事当然

表演"扒灰"的公公婆婆

表演"扒灰"的道具

是毫无根据的演绎，但浙东地区一带的婚礼中，公公的"扒灰"表演仍在进行。

表演"扒灰"时，喜堂上并排放着几张八仙桌，桌上放着两把椅子。在众人的喝彩声中，公公和婆婆坐在椅子上。此时公公要在肩上背一把灰耙。喜堂上高挂起对联："媳妇本是公公抬，今夜我先扒灰来。"随后，族中长者追打背着灰耙的公公，公公逃到桌底下爬行，其余参与者笑骂公公，婚礼的热闹气氛瞬间达到了高潮。"扒灰"表演是十里红妆婚俗中一个有趣的插曲，这看似无理的婚礼闹剧，目的是警示和教育后人要规矩做人，既教化了社会风气，也增添了婚礼的热闹气氛。

七、闹房

十里红妆婚俗中的结婚礼仪最有意思的算是"闹房"。在宁海农村，至今仍旧流传着在结婚当晚闹洞房的习俗。酒宴后，新郎在众弟兄的簇拥下来到新房，称"送洞房"。新房的门是关着的，里面的伴姑小妹要求外面的弟兄对歌、对诗，新郎和众弟兄们赢了才能进新房，新郎在新娘边上坐定。

十里红妆婚俗中，新娘出嫁时都要蒙上红盖头。新娘入了门，众宾客都能一睹新娘的芳容。可是按照传统习俗，新娘直到入了洞房仍蒙着红盖头，不露脸面，只等掀了红盖头方能显现花容月貌。尽管在场的人都迫不及待，但是这红盖头可不是随便什么人可掀开

红盖头掀开，才看见新娘脸面

的。如何掀红盖头，有一定的规矩。一位福分好的妇人拿来一木杆秤递给新郎，新郎先用秤杆轻叩新娘的额头，再用秤尾自上而下挑去新娘的红盖头，置于床顶的搁板上，大意是暗示新娘结婚后要有分寸地对待丈夫和他的家人，凡事掂掂斤两，权衡轻重。掀开红盖头的另外一层寓意，是祈求新人婚后家庭幸福，早

"玉燕投怀"匾额是洞房中有趣的装饰

生多育。掀开红盖头后,新郎和新娘相互行见面礼,新婚夫妇要首次面对面讲话,叫"开金口"。有些是父母包办的婚姻,新郎和新娘此时才是第一次见面,但成与不成都是定死了,所以婚姻中有些不美满的现象也就在此时产生了。

闹洞房前要行"撒帐礼"。新郎新娘双双坐在床沿上,司仪唱撒帐歌,并把五谷、桂圆、莲子和铸有"长命百岁"字样的铜钱撒于床帐中。之后,平辈的、晚辈的、长辈的亲戚朋友开始闹房,俗称"闹洞房",又称"吵房"、"戏新妇"。他们极尽所能,想出种种游戏节目,让新郎新娘当众表演,以逗乐取笑。婚礼,与其说是新郎新娘的节日,不如说是所有亲戚朋友的共同节日。

闹房习俗从一开始便掺和许多"越轨"行为。宁海乡间有"三日无大小"之说。来宾贺客可以不讲礼法,对新郎新娘、伴姑小妹恣意戏谑取乐,进行一场新房中的嬉闹。闹房与民俗心理休戚相关,不闹不发,愈闹愈发,因此闹的名堂也就日益增多。旧的传统节目继承下来,新的节目又不断涌现,五花八门,别出心裁。

民间闹房历来有"文闹"和"武闹"之分。文闹习俗充满着欢乐、吉祥的气氛。我们现在时兴的大多是文闹,变得更为文明,闹而不俗,同时花样翻新,滑稽有趣。闹洞房时往往有个领头人讲些如意吉祥的贺词,大家一起尽兴。总是群情欢跃,歌舞助兴,或行酒令,作诗唱歌,或相互打情骂俏。在这大喜的日子里,通过闹洞房来增添欢乐气氛, 消除冷清之感, 因而文闹又称为"暖房"。大家只要动动嘴巴, 如念一些拗口的诗词、歌谣, 让新郎新娘学着念。或出上联要新娘及伴姑小妹接答下联等。如果不能令众人满意, 就会被罚吃糖果饼食或酒品。也有击鼓传花游戏, 鼓起花落在谁手里, 便要唱歌、对诗。新郎新娘、弟兄伴姑热热闹闹, 此时又成了年轻男女相识相知的绝好机会, 说不定另一桩美好姻缘由此产生。

送洞房诗选

(葛云高辑录、整理)

(一)

一对花烛请新郎, 请进新郎去洞房;

百年好合生贵子, 五世其昌状元郎。

一请新郎笑颜开, 五百年前结姻缘;

早生贵子龙门跳, 荣华富贵今夜来。

二请新郎二目望, 齐看钟鼓闹华堂;

财雄石鼓其三句, 乐奏江南第一庄。

三请新郎典三元, 今夜夫妻大团圆;

荷莲结籽一万孙, 早生贵子文曲星。

四请新郎四角方, 四个孙儿凑成双;

两个孙儿做官去, 两个孙儿管田庄。

五请新郎五端阳，五子登科都拜相；

拜相封侯回家转，代代儿孙都做官。

六请新郎慢定定，娘做衣衫簇簇新；

三步并作二步行，迈开大步开房门。

七请新郎七子保团圆，都做六部好大官；

长子封侯为宰相，小子出考入红门。

八请新郎是八仙，八仙过海笑连连；

早来三天登龙位，跨上一步坐龙亭。

九请新郎九快利，久盼佳期已到时；

今夜夫妻同交拜，白头偕老人人夸。

十请新郎十团圆，十全十美好姻缘；

明年喜生双贵子，一文一武两状元。

（二）

第一杯酒敬新郎，男才女貌两相常；

好合百年生贵子，五世其昌状元郎。

第一杯酒配天圆（柚子），今夜夫妻大团圆；

明年喜得双贵子，一文一武两状元。

第二杯酒敬新人，合欢帐里结同心；

白头偕老互相敬，美满姻缘天作成。

第二杯酒配油煎，子子满朝孙满天；

男耕女织须勤俭，治家应教子孙贤。

第三杯酒有一请，新郎递酒过新人；

新人接杯竹叶青，三从四德铭记心。

第三杯酒配花生，配得花生喷鼻香；

花生哪有心声香，福禄鸳鸯并天长。

第四杯酒淡黄黄，新人递酒过新郎；

新郎接杯无红酒，早生贵子做太守。

第四杯酒配瓜子，加子加孙又加寿；

如意郎君才女配，天上仙女都喜爱。

第五杯酒敬新郎，夫妻和睦尊高堂；

男爱女来女帮郎，孝敬长辈切勿忘。

第五杯酒配粉糖，今夜夫妻凑成双；

夫妻和顺百事通，互敬互爱互相帮。

第六杯酒敬新人，且喜房内又添丁；

多子多孙多福禄，生个儿子做都督。

第六杯酒配红枣，红枣配酒红又红；

洞房里面春意浓，早生贵子伴君龙。

第七杯酒敬新郎，麒麟送子到洞房；

勤读诗书勤奋发，独占鳌头掌朝纲。

第七杯酒配糕点，夫妻生活似蜜甜；

恩恩爱爱互相敬，夫唱妇随不分开。

第八杯酒敬新人，才郎才女情意深；

才郎娶个贤慧女，循守礼仪人聪明。

第八杯酒配钱饼，财亦旺来丁亦兴；

忠孝仁义是常情，光耀门庭托祖荫。

第九杯酒敬新郎，新郎腹内好文章；

今夜房内好风光，明年必定状元郎。

第九杯酒配糖糕，脚踏云头步步高；

青云直上志气高，为官一品在当朝。

美酒劝到第十杯，新郎新娘齐举杯；

双双喝下交杯酒，夫妻恩爱到白首。

第十杯酒配荔枝，好比凤凰配金鸡；

淑女入户增百福，麒麟进门多送子。

　　此外，还有恶作剧的武闹。为准备一场武闹，秋天刚过，大家就采集棕榈籽或楝树籽晒干藏好，待村里谁家娶新妇时闹洞房"打新妇"。结婚那天，当新娘和伴姑小妹进入新房后，闹房的人来看新媳妇，明的是来看，露着笑脸，亲切地叫着"新嫂子"，冷不防手伸进口袋里，抓起一把棕榈籽或楝树籽撒向新娘子和伴姑小妹。她们惊慌地用被服红帐遮挡，又不能生气、还手。恶作剧更绝的是新郎

的弟兄将伴姑小妹"打夯"。 闹房时伴姑小妹对不出下联或对歌接
不上，弟兄们会群起将伴姑小妹拎起来，四个弟兄各人分抓住小妹
的手脚，抬起来抛向空中，又接住，再抛再接，伴姑小妹讨饶也不肯
放手，直至将她抛起搁置到大橱柜顶上下不来。新娘应允以厚礼相
赠，弟兄们才将她抬下来。人们还以"钓鱼"的方式为难新郎新娘。
弟兄们取一块冻米糖或其他的果品，用线拴住一头"钓鱼"。两位新
人并排靠拢坐着，不准动手，只准动嘴，持钓竿者站在新郎新娘背
后的高凳上，故意将糖块靠近新人的嘴巴，待两人张嘴吃时，出其
不意地一缩，新人嘴碰嘴却吃不到糖，大家哄堂大笑。游戏重复进

老妈妈依然守着嫁妆过日子

行,新人又羞又急,但不能恼。因为百姓认为愈闹愈发,预兆今后家道兴旺。万般无奈,只好听凭人们戏弄了。

农村闹房中还流行"摜衣裳"。闹洞房者在新郎新娘就寝前故意弄坏门闩,也有早躲在床下橱柜后面,待新人们熟睡后,偷走他们的衣服。第二天新人起来后,无衣服可穿,尴尬地等在新房中,差人以厚礼换回衣服。更有甚者,要新郎新娘另请一桌酒席吃,方可结束闹剧。

为防止出洋相,有经验的媒婆早在"日子"前头就"贿赂"弟兄们,别捉弄伴姑小妹。男方家这时要准备酒菜给闹洞房的人吃,每送上一道菜,新娘都要在空托盘上还礼,或是红鸡蛋,或是糖果等,否则厨房帮忙的人要出新娘的洋相的,要么不送上菜,让他们干等。

子时将近,弟兄们要请新郎新娘喝合卺酒,吃和气食。新郎新娘共饮交杯酒,是入洞房后到圆房之前的趣俗。交杯,古时称"合卺"。卺是一种瓠瓜,俗称"葫芦"。农村中人常将成熟了的瓠瓜剖开去籽后做瓢用,现在宁海一带的山区仍在使用。合卺就是将一只瓠瓜剖为两半,盛酒在其中,新郎新娘各取一卺饮。瓠瓜剖开为二,象征着夫妇原为二体,现在合而为一了。瓠瓜性本寒苦,以此盛酒让新人共饮,寓意婚后夫妻二人应同甘共苦,患难与共。古人又有以瓠瓜做乐器,所以它又寓意新郎新娘婚后琴瑟和谐,和睦相

闹洞房时给弟兄们吃的点心,也寓意着早生贵子

处。合卺的另一层意义就是生育。卺是瓠瓜,形圆多籽,类似妇人十月怀胎。新婚时行"合卺"之礼,即是预祝新郎新娘日后子孙兴旺。现在合卺酒又改为喝交杯酒,但与平常不同的是,两只酒杯都要系上红丝线。新郎的弟兄们取出新娘陪嫁过来的酒杯两只,斟满酒,新郎新娘各取一杯酒,面对面站着,用拿酒的手臂互相交错套折,同时饮尽杯中酒,喝完后手臂才放开。两人在喝时,在场的人高声歌唱"喝果子酒歌"。整个过程不长,但两位新人当着众人的面手臂相交,腼腆的表情和

喝酒时的拘谨着实令人忍俊不禁。伴随着大家的哄笑声，新人脸色娇羞，而洞房的气氛却更加热闹。共饮交杯酒的仪式，对新婚夫妇来说，有其深厚的意蕴在。传统社会中，婚姻遵循父母之命，媒妁之言，新婚夫妇常常是一对陌生人。但传统的伦理道德强调夫唱妇随，嫁鸡随鸡，嫁狗随狗，因此，新妇和她丈夫的沟通和谐对结为伉俪尤为重要。之后，弟兄们呈上和气食让新郎新娘吃，希望他们日后和和气气过日子。

子时一到，弟兄们回到庭院里放响放鞭炮，宣告闹洞房结束。新郎的弟兄们和伴姑小妹将新郎新娘牵到床沿边，边牵边唱："今夜送洞房，鸳鸯凑成双。明年生贵子，得中状元郎。"

大家退出新房，留下新郎新娘。新娘卸下拦腰兜里的红鸡蛋，放到红板箱里，等第二天早上宾客来时可以分给大家吃。

八、把酒、吃茶、分三日

婚礼第二天，新娘起床，换上另一套新衣服。早有伴姑小妹端来洗脸水，新娘以一果包还礼。梳洗完毕后，在众伴姑的陪同下，新娘来到中堂，陪伴众宾客吃"谢客筵"，新郎新娘一并向客人敬酒。筵酣时，新娘和伴姑一起表演优美的婚礼舞蹈"把酒舞"以助兴。因为要在婚礼上表演"把酒舞"，所以新娘在选择伴姑时，百里挑一。被选中的少女身穿花袍，手戴玉镯，指套凤甲，头戴珠帽，胸挂面镜，捧上酒杯反复把练，才能在婚礼"把酒舞"时不言而在百言中，不动而在万动中。有许多家境富裕的人家会偷偷地在婚礼的"把酒舞"表演上物色媳妇人选，认为把酒稳当的姑娘定是聪慧之人。

之后，众长辈在司仪的引领安排下于相应的座位上坐定，"吃茶"仪式举行。司仪主持"吃茶"仪式，新娘在新郎的陪同下向长辈下跪敬茶。司仪高叫请某某吃茶，乐队奏响欢快的乐曲配合仪式进行。新郎引见，新娘捧上桂圆红枣茶跪在长辈前面，长辈接过茶碗后，顺手递与新娘红包，谓之"茶钿"。搞笑的弟兄们这时也不放过新娘，在新娘捧茶碗递给长辈时，故意遮挡在前，或要长辈梳洗一番，或假装接红包，以各种理由让新娘长跪在地，直至长辈说情才

"把酒舞"表演

相敬如宾是新人最美好的愿望

百岁老人在讲述她结婚时与新郎共饮交杯酒的情况

红包内是南货干果

放行。

中午，男方家宴请新娘的兄弟，称之为"请舅"，菜肴丰富。新娘的兄弟坐大位，亲朋好友作陪。这天众邻居都可以到新房中来看新娘子，讨红鸡蛋。新娘请大家吃果子，走时要分送红鸡蛋等礼物。

结婚第三天，男方家要"分三日"。帮忙的年轻妇女将新娘家送过来的红鸡蛋和果子等挨家挨户分给邻居吃，新娘则提着茶壶给各户人家倒一碗红糖茶水，加几颗红枣或桂圆，算是见面礼。新娘又将准备好的厨头包送给操持酒宴的厨师，称

"谢厨"。新郎家准备好麻糍、果包等,由弟兄们挑着,新郎和新娘双双回门。女方家一样客气地待女婿,大办酒宴,请来各长辈、朋友作陪,谓"请新子丈"。完后,新郎新娘双双回家,不能在娘家待过夜。之后男方家又选定吉日,带领新妇去本家宗祠里祭祀祖先。至此婚礼才宣告结束。

[叁]宁海十里红妆婚俗的禁忌

婚礼习俗和禁忌种种大多针对女子而言。宁海当地的风俗习惯,迎娶新妇有种种禁忌。宁海民间有相信"一好百好"的风俗习惯,认为一件事情有良好的开端,就有完美的结局。

迎亲是大喜的日子。在迎亲过程中,为了辟邪,是有些禁忌事项的。首先要选择吉日,在这个基础上再行禁忌。送新娘的伴姑小妹必须是未婚的,甚至是未定姻缘的。在迎亲的过程中,新娘始终是中心和焦点,举手投足都有禁忌。

新娘在大喜日子当天只能呆在自家闺房里,不能下楼。上花轿前胸前要佩戴一些金属质的东西,人们普遍认为金属质的东西能抵挡一切邪恶之物。

姑娘出嫁时一定要戴凤冠,穿霞帔,坐花轿,这虽沿袭古老的传说,但也显示其一定的社会地位。姑娘出嫁,如果没有经历过这套习俗,人们讲起来难免会说姑娘是"小媳妇",就是地位低下,会受到夫家人的责难。姑娘出嫁前,娘家亲戚长辈们要给压袋钱,缝在凤冠大衣的袖子里。如果女子在夫家生活困窘时，可拿出这些私房钱补贴家用。

在嫁娶中，迎亲队伍将新娘子接上花轿后，按事先"马桶小叔"担马桶行走的路线靠右手边行走。当地风俗认为，右手边是大位，如果有两家迎亲的队伍同时同方向行走，那两班人马会争着走右边，争着向前，所以常有两班人马飞奔的情景。如果是相向而来的两支迎亲队伍，这是"喜冲喜"，是不吉利的，要尽量避免，所以早有双方的主事人迎在前头，商量好谁家的队伍先避开，等那班迎亲队伍过去了，另外的一班再通过。十里红妆婚俗中还有特别的现象，如果娶亲队伍碰上了当官的坐着轿子经过，那官员要下了轿子等在边上，待娶亲队伍通过后才可上轿开行。因为民间有约定俗成的规矩，女子结婚那天是最大的，人们都要敬重她。

新娘出嫁意味着从此就要离开自己的父母了，所以很伤心，常常是掩着面哭着上花轿。即使新娘欢天喜地出嫁，在临出门前，也要象征性地哭几声，掉几滴眼泪，否则会被旁人说"心肠硬"。长辈还会催着新娘哭。在花轿里，新娘擦拭干眼泪后，要将手帕丢弃在路上，谁也不能将手帕捡走。手帕是用来擦拭眼泪的，当地有习俗，谁捡了这块手帕擦拭的话，就会变成"眼泪鬼"，一辈子命苦，有得哭。新娘坐在花轿里，手里还拎着个红小袋或青布小袋，里面装有苎麻结和盐米。每过一座桥，新娘都要从随身带着的红小袋里拿出

"马桶小叔"挑马桶和草席

抛苎麻结

一个苎麻结，解开后，抛出花轿，意思是心头的愁结解开了，嫁到夫家后可以欢欢喜喜过自己的新生活了。迎亲的队伍都喜欢绕着村庄行走，以显示婚嫁队伍的气派。每经过一个村子，新娘抓一把盐米撒出来。周围有许多看新娘子的人，不小心被撒到了，这人必须马上说声："不吉声消。"以祛除沾到身上的晦气。

花轿刚进夫家门，就要新娘先跨火盆。火是香火的意思，要新娘子祛除晦气，嫁过门后就要履行延续香火的任务。走过一只只相叠的麻袋，意思是新娘要为夫家传宗接代。诸多的礼俗都是对新娘的约束和寄托。

[肆]宁海十里红妆婚俗的其他现象

传统的十里红妆婚俗是宁海等浙东地区主要的婚礼形式。在实际操作过程中，常常会因时而变，因事而变，于是衍生出许多特殊的婚姻现象，补充定格了的十里红妆婚俗。

连丧拜。过去两家人通过媒合，确定了婚姻关系，定下迎娶的日期后，都积极准备结婚。这当中，男方家的父亲或母亲突然死亡，而儿子的婚期又临近了。为了消除家里突然遭受的灾难，儿子在为父亲或母亲举行丧事那天就举行婚礼，民间称之为"连丧拜"。当天早上，家里中堂丧事装扮，白幡、白对联，大家哭哭啼啼为死者送行。等葬了死者，家里中堂马上扯下白幡、白对联，贴上红对联，挂上红灯笼，一派喜气。下午，亲朋好友将女方家已准备妥当的红妆器具匆匆迎进门，当晚儿子要脱掉麻布孝衣，一袭状元郎的打扮，迎娶新妇。乡间有这样的说法："连丧拜"能消除家里遭受的晦气，一进一出，新生力量增添到门庭里，人丁兴旺。

代拜堂。出现"代拜堂"的现象有多种原因。娶亲的日子到来了，两家人都在积极准备结婚。新娘子突然发水痘或出麻疹，患上这两种病，人是不能外出吹风的。而宁海民间又有习俗，人们喜欢在冬天举行婚礼。冬天风很大，天气寒冷，这就难为了新娘。乡间就有人想出完美的办法，请新娘的妹妹代替新娘行结婚之礼，能在众宾客前有个交代，待婚礼结束，将妹妹送回。也有另外的原因，算命先生择出的结婚日子里，新郎和新娘是不能相见的，所以有以小妹代替姐姐结婚的，也有弟弟代替哥哥结婚的。最后结合的还是新郎和新娘自己。但也有意外的，就是妹妹或弟弟本来是代行婚礼的，到后来假戏真做了。

典妻婚。这是只出现在宁海一带乡间的特殊的婚姻现象，与十里红妆婚俗并不十分相关，但这是宁海十里红妆婚俗的一种补充。

旧时人们崇尚"不孝有三，无后为大"的儒家思想，传统守旧的人们认为生育了儿子才是传宗接代了，否则就是断了后代。但有时男人又迫于妻子的压力或家庭的实际情况不能纳妾，于是就典一个女人来生育儿子。两户人家先通过媒婆谈妥典让事宜后，富有人家择一个吉日让男人来到贫困人家。当时典让婆娘的家庭都非常困难，有的人家一日三餐都无法解决。家庭经济条件如此困难,但典让的行情并不高,有不成文的规定:每年一石两斗白米。

在典期内,男人就在女子家起居,而并不是女子来到男人家生活。新来的男人和女子家人一起吃饭,下田劳作,是这户人家主劳力中的一员,只是女人的丈夫和小孩们睡在一起,把自家女人让给新来的男人。新来的男人融入女人家的生活中,一切和谐自然。约摸一年时间,女人生产了,富裕人家达到抱回儿子的目的就行。当时的典期一般为五年。如果女人第一胎生的是女孩,五年的典期还没有结束,那女人又得为这户人家继续生小孩。

抢婚。传统婚姻的一种形式。有的男家家境清寒,拿不出彩礼迎娶,或女家贫穷,想留住女儿在家多劳动几年而拖延婚期,经男方再三求亲,女方家仍不答应,便有了"抢亲"。男方族人趁女方家不备之时,强行将女方用青衣小轿抬走,带往男方家行婚礼,女方家父母也无可奈何。也有男女双方当事人早已串通好的,成婚之后,女方父母只好承认事实。

对换亲。把自家的女儿嫁给对方的儿子,把对方的女儿换回来做媳妇。这种"对换亲"是亲上加亲,节省了许多婚嫁上的费用,但带来的两家间的纠葛是难以解决的。

童养媳。"童养媳"是传统婚姻中十分普遍的现象,主要是小户人家或贫困人家没有财力,无法按基本礼俗嫁娶。所以女子在童稚时期就许配给人家，并带到婆家生活，待成年后正式同丈夫成婚。童养媳的婚礼自然简单得多，更无需"六礼"，择日婚配，族人稍作宴请即可。

宁海十里红妆婚俗的价值

宁海十里红妆婚俗，不仅仅是宁海地区的婚俗概念，同时也是浙江东南沿海地区宁波、绍兴、台州、温州乃至江南地区千百年来传承的礼俗。十里红妆婚俗反映了旧时江南女性生活的真实一面。可以说，十里红妆婚俗是一部厚重的民俗文化史。

宁海十里红妆婚俗的价值

宁海十里红妆婚俗，不仅仅是宁海地区的婚俗概念，同时也是浙江东南沿海地区宁波、绍兴、台州、温州乃至江南地区千百年来传承的礼俗。十里红妆婚俗反映了旧时江南女性生活真实的一面。可以说，十里红妆婚俗是一部厚重的民俗文化史。红妆家具涉及民间风俗、传统工艺美术，蕴藏着千年闺阁情思，具有浓厚的乡土风情，被民俗学家、古家具研究者、工艺美术爱好者以及传统女性文化研究者认同为是一种特有的民间文化遗产。透过一件件艳丽的红妆，我们也依稀触摸到那个时代中国女性的命运。

[壹]宁海十里红妆婚俗的历史价值

良田千亩，十里红妆。龙凤花轿，凤冠霞帔，如此大排场嫁女，印证了江南人民对美好生活的一种向往，对富有的一种诠释。铺张奢华的十里红妆以女性生活为标准来打造，又恰好反映了女性幸福、痛楚并存的闺房生活。

一、十里红妆是传统女性地位的象征

十里红妆婚俗从某种意义上说是明媒正娶的代名词，象征着女主人在夫家的地位和身份。在 "夫有再娶之义，妇无二适之理"的

封建社会中，男子可随心所欲地纳妾，常常是宠了小妾而冷落正房。但不管怎样，正房嫁过来时的十里红妆，哪怕是针头线脑，丈夫也无权给予任何一位小妾。十里红妆显示着正房的权威，在三妻四妾的社会中更是地位的象征。俗话说："上等人家嫁女儿，中等人家送女儿，下等人家卖女儿。"无论当时社会如何歧视女性，但父母对于

精美的女红

绣花鞋

女儿的爱是与生俱来的。为了让女儿在夫家的地位巩固，父母会不

红衣柜

小姐椅

红鼓凳

红果桶

惜代价为女儿营造舒适的生活空间，这种爱便转化到对十里红妆的打造上。"嫁出去的女儿，泼出去的水。"女儿出嫁以后，父母无法也无能力顾及，唯有在嫁妆上给女儿最后也是最有效的支持。有钱人家把嫁女当成是显示家庭富有和提高女儿在夫家家庭地位的机会。在江南，娶媳妇是家庭传宗接代的大事。一切事务都围绕着女子来做，所以他们往往会不惜重金打造十里红妆。红妆囊括了一切日用物品，从日常生活器具到衣服鞋帽，包括新郎和未来小孩的四季衣衫，甚至拦腰兜、苎麻线等，可谓应有尽有。

二、十里红妆是传统女性文化的体现

果桶

马桶内的红鸡蛋象征生育

红妆中的一切器物以女性的生活为标准来打造。红妆中的木器家具都是为了女性的需要而制作，一般人家要有婚床、红衣柜、房前桌、大脚桶、红桶盘，还有少不了的红马桶。内房是女主人私人空间所在，其红妆家具、器物直接体现了女性的审美情趣，表现女性特征。红妆器物的造型圆润空灵，简约委婉，线条变化富有女性韵律，洋溢着女性

特有的气息。红妆器具上关于多子多福、父慈母爱、相夫教子的题材最具代表性。即使是婚房内悬挂着的匾额或雕刻题词，也无外乎要求嫁为人妇的女人要为男人而活，相夫教子，为子女而操劳，这是中国女子的传统美德。像红漆马桶是当地必不可少的红妆器具，几乎是头等重要，因为马桶的形状和女人的孕育器官和生产通道非常相似，所以也被称为"子孙桶"。

女红制作器具和女红作品也是十里红妆的重要组成部分。"十三能织素，十四学裁衣"，女红是纺纱织布、刺绣剪裁等手工针线活的总称。这是女子一生必须学会和从事的手工技艺，更和女子的婚嫁联系在一起，也成了婆家选择好媳妇的重要依据。传统婚姻是由媒人联络而成的。媒人将姑娘所做的针线活，如绣花鞋、荷包、肚兜送往男方家，男方家再从这些作品的针线

绣女

肚兜

红妆用具

绣女图

手法、色彩搭配、精细程度等来品评姑娘的聪慧灵秀程度，从绣花鞋的大小形状可以知道姑娘双脚造型优美与否。一般人家在未见到姑娘真容之前，都是以姑娘所做的女红作品来评判其品行素养，从而决定这门婚事成功与否。女红成了传统女性终身大事的决定因素，必然会倾注少女们的心血。女子出嫁时，箱柜里都装满了服饰，而评说的焦点也是那些姑娘在闺房内自己亲手缝制的女红作品。谁家媳妇女红技巧优秀，就会在四邻八乡里传颂，从而让婆家和娘家感到骄傲。

三、十里红妆是传统女性苦难的见证

缠脚。在闺房女子婚嫁的十里红妆器具里，有用朱砂色料作漆底、纯金黏贴的缠脚架。上首刻着龙首或凤首，也有刻着蝙蝠或梅花鹿的，都有吉祥之意。中间有转轴，用于卷缠脚布。其下面有个架面，是专门用来缠脚的台子。台面板下还有小抽斗，用来放剪刀之类的东西。这种缠脚架华美精致，实际上是传统女性缠脚时受刑的手

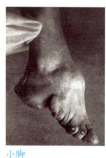

小脚

小脚透视图

缠足布

术台。缠脚的工具，除了上述的缠脚架，还
有朱砂涂染、黄金装饰的缠脚铐。在缠脚
的过程中，当女孩无法忍受疼痛而拼命挣
扎时，就用这样的脚铐铐住女儿的腿，使
她不能动弹。古代女性拥有如此精美的缠
脚架和缠脚铐，其实又显示了她们拥有三
寸金莲的地位之高。浙东地区流传着这样
的话："三寸金莲，四寸银莲，五寸六寸不
要脸（"莲"与"脸"同音）。"自然在婚嫁
过程中要作为重要的嫁妆来炫耀，因而也

缠脚架

缠脚女孩图

就需要精工细作了。

旧时判断女子是否美丽、高贵，主要的标准不是娇美的容貌和优美的身材，而是一双小脚。"三寸金莲"是当时人们评判女子的最重要的审美标准之一。

古代女子缠脚时，先将双脚浸泡在热水中，待脚温热后，将除大脚趾外的四个脚趾向脚底弯曲，紧紧贴住脚底，并在脚底下涂上明矾，用缠脚布包上。缠脚要求双脚弓曲短小，脚底中间形成一个深深向内的凹陷，只有大脚趾孤零零地向前伸展，其余四个脚趾都被压得伏贴在脚底下，一字排列。长长的缠脚布，一层又一层，紧紧地缠在五六岁小孩的小脚上，阻断了流通的血液，直至把原来正常的脚骨裹得变了形。解开缠脚布时，脓水、血水，加上女孩的泪水，混成一片，惨不忍睹。

闺房小姐穿的金莲小鞋是红色的，也只有未出嫁的女子才配穿红缎底料的三寸小鞋。结了婚，便只能穿青布底绣花的小鞋了。通过三寸金莲，我们窥探到了古代女子闺房里的悲苦。

验红。女子的贞洁在传统的婚姻中极其重要。在传统的十里红妆婚俗的妆奁中，少不了一件东西，就是一方像是手绢一样的白布，它的用途就在于验红，即在新婚之夜对新妇贞操的检验。如果是处女，自然就见红。传统的观念中，性贞和爱情、教化、品德、人格联系在一起，而且只针对女性，似乎与男性无关。有些女性也因此不幸。结婚当晚验红不成功，新娘便被宣告为不贞的女性，男方可以为此毁婚，将新娘赶回娘家。客气些的人家虽不这么做，但会给家人留下巨大的阴影。即使丈夫和公婆没有公开否定婚姻，但这女子一生都将低人一等，也由此有了沉重的心理负担，始终认为对不起自己的父母。在江南，有婚后第三天回门的习俗。夫妻双双高高兴兴回娘家，说明一切顺利；倘若小夫妻俩迟迟不回门，父母便要提心吊胆了。所以古代女子为了不遭受不明不白的耻辱和冤屈，她们保护婚前的童贞便像保护自己的生命一样重要。在贞操观念下，婚事必须通过媒人，由父母做主。自己选择配偶，即是私奔，这是辱没门庭的淫乱之举，倘若被发现，将会被族人处以酷刑，即便是有身份的女子也不例外。

古人云："饿死事小，失节事大。"对男人而言，若娶失节者为妻，是男人自己失节。遵守着这样的古训，传统妇女的贞节操守，就像融在血中的基因一样，代代相传。直到晚清时期，验红习俗还在乡间流行。虽然今日我们尊重隐私权，维护女性的自主权，已不再过分强调所谓的贞节，但贞节问题依然会引起夫妻间的矛盾。

溺婴。在传统社会中，传宗接代是人生大事。与此相应，唯有一事不可饶恕嫁为人妇的女子，那就是膝下无子无孙。重男轻女的思想禁锢着一代代的人，溺婴现象惨不忍睹。

子孙桶，也叫"马桶"，或正圆，或鸭蛋圆形，用朱砂涂染，鲜红

子孙桶

如血。这本来是子孙投胎的神圣器物，倘若已有男丁，亦用于生育女婴；倘若妨碍生育男丁，则毫不留情地成了溺杀女婴的工具。传统的子孙桶分上下两层。上层专为站着生育小孩时接儿盛婴，而下层预备热水，以便洗去胎儿身上的母液。在男尊女卑的社会中，女性自生下来便面临着被亲生父母谋杀的危险。传统社会中，一般年轻妇女并不参加社会劳动，除了操持家务外，主要精力便是生育。在多子多孙多福的社会观念推崇下，妇女自然生育，多则十余胎，少则五六胎。但溺婴只针对女孩，归根究底，是儒家思想中"不孝有三，无后为大"的陈腐观念扼杀了那些无辜的女婴的生命。

在红妆中婚床夹柱的对联上常雕刻着"多子多孙多福禄"的字样，反映出人们传宗接代的美好愿望。另外，在婚嫁器具上的木雕和绘画中，"五子登科"、"百子闹春"等相关题材的内容十分普遍。男子是传统社会的主人，女性是男性的附属品，因此有"一男半女"的说法。因为封建礼教的残害，女婴最基本的生存权被无情践踏，不能不说是人类最大的悲哀。

[贰]宁海十里红妆婚俗的人文价值

宁海十里红妆婚俗不仅仅是嫁女场面和婚庆过程,通过婚嫁,还表达了传统女性在男尊女卑社会中独特的诉求。在丰富的红妆遗存中,我们看到了在男尊女卑社会中,女性始终在窄小的空间艰难地生存,还有父母对于女儿的爱。置办十里红妆,一方面表达了父母对女儿的爱意,以免女儿在夫家被轻视或受欺侮;另一方面也是家族富有、地位显赫的一种炫耀。在古代,两家联姻,家与家的联合较男女结合更被社会重视,婚姻只是被作为壮大亲族、扩大权势来考虑。浙江沿海一带,明清时期是商贾官宦云集之地,素有"无宁不成市,无绍不成衙"之说。商人虽然手中握有大量财富,因重农抑商的观念,政治地位向来不高,所以常常通过联姻来结交士大夫,借以提高自身的地位。另外,富商巨贾之家常世代联姻,以增强他们在商业活动中的竞争力。能引起万人空巷及长久被人津津乐道效应的十里红妆,最能扩大联姻两家的影响,提高两家的社会地位,所以,婚媾竞尚奢丽,动辄花费万千,奢华置办十里红妆。

[叁]宁海十里红妆婚俗的工艺美术价值

十里红妆是浙东地区家喻户晓的婚嫁现象,其独特的红色表达了喜庆、吉祥、热烈的美好愿望,是江南民俗传承的组成部分,体现出江南民间手工技艺的精湛,是江南民间手工技艺的集中展示。

一、红妆器具

红妆有多种匠作，民间称"百作老师"，主要有小木作、漆作、雕作、桶作、铜作等。民间对匠作师傅是非常尊重的，开工要宴请，完工又要宴请。宁绍平原肥沃的土地使这一地区经济、文化相对繁荣，促进了民间手工匠师技艺的提高。宁波又是东南沿海通商口岸之一，即使是清末全国经济衰退时，浙东依然一枝独秀，保持着经济的繁荣，使红妆的工艺制作有了经济上的保证。用朱砂和黄金涂染的民间家具，是世界文明史上的奇迹。

我们把家具归纳为三个系列。一是中堂家具，如翘头桌、八仙桌、太师椅等，清水木纹，是一个家庭公共空间的主要摆设，也是家

传统婚房

庭及主人威仪的象征。二是书房家具，书柜、文案、博古架等，是家具中最具个性化也最能体现文人心态和儒雅风格的家具系列。三是内房家具，是红妆中最重要的器具，展现喜庆吉祥、热烈奔放的婚嫁场面，也是女性私人空间特有的家具，直接体现女性的审美情趣和生活情调。

红妆器具的选料相当考究，选择当地优秀的木料制作，不求颜色，不求纹理，但强调不变形、不起翘。框档以梓木、榉木、银杏木为上乘，板料以樟木板、杉树板、银杏板等为主。雕刻部分则多为香樟木和银杏木，也有有意在同一件婚嫁器具上选用五种树木，寓意"五世其昌"，讨个吉彩。当地人称准备木料为"出料"，随着女儿的长大，父母早就准备好红妆器具制作的木料，待其干燥，以保证成品漆面不开裂。

圈椅　　　　　面盆架　　　　　　小姐床

木匠师傅生产红妆器具时，讲究榫卯结构。中堂和书房常见木纹理的清水家具可以有收缩缝，但红妆家具必须要求框档和面板平整而不破漆面，不起界线，故要有精密的榫卯结构，要求双榫或明榫。双榫增加相交面积，强度也增强；明榫可以在榫口上打上倒梢。面板要增加排档，以保证框档和面板的紧密程度。

红妆器具制作

圆木作和小木作是木作的第一道工序。圆木作和小木作是"两姐妹"，虽然都拜鲁班为师，但师承有别，各有工具，各有制作手法。

圆木作，也称"箍桶匠"，专门从事小件圆形器具的制作，有自己独特的造

红妆器具制作的工具

型风格和装饰手法。做工精细，土法计算圆周率，比例匀称，木板弧度精确，拼接滴水不漏，连桶器的盖子及桶圈等都严丝合缝。旧时大户人家制作家具常有文人参与，特别讲究，工艺越来越好，或雕或素，或肥或瘦，犹如女子腰身的线条，圆润美妙。品种越来越丰富，有长甩桶、腰子桶、回汤桶、子孙桶、拗斗、粉桶、祭盘等，五花八门，琳琅满目。

　　小木作也称"细木作"，打造内房大件家具。十里红妆家具漆器，除部分红妆器具木作完成后不需要雕作，直接打磨上漆外，总体上来说都是朱漆髹金，局部施雕。绝大部分要求以朱漆髹底，雕饰贴金，集雕刻、堆塑、绘画、贴金、泥金、罩漆等工艺于一体，朴素、典雅而富丽。从工艺门类上分，主要包括朱漆、泥金彩漆、朱金木

轿顶上的和合二仙

朱金花轿

雕三大类。而泥金彩漆和朱金木雕是浙东的传统手工技艺，技艺精湛，广泛应用于家具雕饰中，以宁波一带常见，宁海尤为有名。

雕作亦称"雕花匠"，专门从事木雕刻。雕刻是红妆器具的重要装饰。雕工完成后便可以组装，再打磨上漆。有些地方油漆和雕作由同一工匠完成。

朱金木雕，这是在木雕上贴金漆朱的木雕艺术。凡当时所用之物料皆来自自然。"三分漆，七分雕"，朱砂为主要色料，局部贴以黄金，金彩相间，显得热烈、红火。朱砂，即丹砂，是硫化汞在一定温度下呈现朱色的矿物晶体，以产自湖南辰州的最佳，其矿物名叫"辰砂"。中医以其安神定心之效入药，画家则以朱砂做印泥，颜色千年不变。朱砂矿产存量稀少，具有"一两黄金三两朱砂"之说。优质的朱砂硬度很高，漆工学徒先要掌握锤朱、磨朱、吹朱和调朱的工艺。锤打朱砂有专门的缸和铁锤，缸上有个通铁锤木柄的小孔洞，铁锤上下敲打而木盖挡住缸内朱砂飞溅。打碎朱砂粒后，要碾磨至细。接下来是吹朱，即用空心的竹管吹磨细的朱砂，将最细的吹飞，集中在一侧，收集吹不飞的，再重新锤打和碾磨。总之，越细越好，最后调漆使用。朱金木雕的表现形式以浮雕为主，也有圆雕、线雕、透雕。其装饰效果主要来自漆，而不在雕，讲究漆木的修磨、填刮、贴金、上彩、描花。利用黄金延展性强的特征，打制成极薄极薄的金箔，作为重要的装饰。黄金的色彩可以和红色、绿色、黑色等任何不同的颜色配合，而不失其富丽、华贵之本色。红色和金色把婚嫁家具的喜庆、热烈和绚丽装点到了极致。千工床、万工轿、桌、椅、台、凳等器具选用了坚硬的青金石作青色，用黛粉（一种植物花粉）作绿色，用闪亮的贝壳、琉璃来装点。器物造型古朴生动，刀法浑厚。

朱金木雕的花轿金碧辉煌，犹如一座黄金造就的宝龛，周身雕刻着天官赐福、麒麟送子、魁星点元、八仙过海、和合二仙等吉祥图案，最能体现主人的身份。

泥金彩漆，宁波传统工艺之一，是一种以泥金工艺和彩漆工艺相结合为主要特征的漆器工艺。由于木雕费工费时，而它只需在平面上堆塑、贴金、上彩，省工时，因此，在橱柜板箱等平面上或是圆木作上常使用泥金彩漆工艺。制作方法分为堆泥(堆塑)和沥粉。可以用其中一种工艺技法单独成品，也可综合成一个工艺丰富的产品。堆泥是彩漆最独特的工艺方法，它是在平面上做加法——手工堆塑。艺人以生漆、瓦片灰或蛎灰按一定比例捣制成漆泥，在木胎漆坯上堆塑山水、花鸟、人物、楼阁等图饰，再给堆塑贴金、上彩。此项工作程序繁杂，要领颇多。制成的工艺品典雅古朴，绚丽多彩，继承汉唐雕刻艺术之遗韵。

红妆器具中的装饰题材十分丰富，常见的有麒麟送子、喜上眉梢等图案。也有关于多子多福等图案。比如一些架子、柜桌、椅子等家具，在其两腿之间的壶门中刻着一只熟透的红石榴。石榴多籽，又刻在两腿间，其寓意可想而知。由于有"村姑救康王"这一民间故事作依托，当地民间都会在红妆家具上雕龙刻凤，这在其他地方是见不到的。雕龙刻凤是传统的装饰现象，龙凤呈祥是婚嫁和居家最美好的追求。红妆器具的木雕装饰常巧妙地应用在器物的出头处，如衣架的两头刻个龙头或凤头，称"龙门衣架"或"凤门衣架"，使衣架形成整体呼应，架身便成了龙身或凤身。在盆架的收口上刻几个狮子。在提桶的提手与桶身连接处刻个龙头，在茶壶口上刻个兽面，等等。这些巧妙的艺术表现画龙点睛，使家具充满动感和灵气，令人爱不释手。有些红妆器具的木雕装饰在床的腿上、台架的脚上，让四个狮子承托着整个家具，十分有趣，床腿上的兽面充满神秘色彩。

红妆器具的装饰还有绘画，绘画是在漆面上完成的。首先是在漆面上用墨线勾勒出线条，然后用纯漆勾画。漆调得干稀适中，勾画的线条形成凸起的阳线图案。勾漆需要运用臂力，未严格训练很难完成整个工艺流程。勾漆后是描金，用金粉描绘，补充线条和图案。最后贴金，用极薄的、手工打制的金箔贴在画面上。红妆器具装饰中的勾漆本来是当地漆匠的绝活，现在已无人制作了，但贴金因为常用于佛像的制作，倒是还在传承。

红妆器具的装饰还有以水银、青金石粉、黛粉等天然色料作木雕的背景底色，贝壳粉镶边等工艺。青金石粉呈青黑色，坚硬异常，需打碎磨粉；黛粉呈淡绿色，是植物的花粉，提取极不容易；贝壳相对较多，但切片、造型、拼图等工艺较为复杂。

红妆器具的装饰还有琉璃镶嵌，一般都镶嵌在大柜罩沿、大床夹柱或木桶的提滴上。朱金中一点翠绿，透着碧玉般的折射光，十分耀眼，使红妆器具顿生珠光宝气。红妆器具装饰的铜件搭配也富有特色。铜件本来是功能性物件，用作箱子的合页和提手、抽斗的拉手、柜门的锁柱、桶盘的紧箍等。但红妆器具中的铜件把功能和装饰巧妙地结合在一起，成为重要的美化手段。红妆器具的色彩和品性无不显示主人富贵的身份和殷实的家底，无不体现婚嫁喜庆、吉祥的气氛，无不体现祥和、宁静的居家生活以及女性的审美特色。

花轿是十里红妆婚嫁场面的主题，最能体现新娘的身份和地位。坐花轿是传统女性最为风光的时刻。女子一生都会自豪地叙述她坐花轿时的情景，尤其是富家大户中的女子，在小妾面前用以强调她的正主地位。花轿选材要求坚实又轻便，一般选用香樟、银杏木制作。雕刻的题材多是"金龙彩凤"、"麒麟送子"等吉祥如意的内容。也许因为有"村姑救康王"的美丽传说，十里红妆中的轿子雕龙刻凤。这些龙凤形象，让现在的民俗学家也大吃一惊，因为这在封建社会中是绝对不允许的，是要杀头的。花轿上还装饰有八仙过海、和合二仙、喜上眉梢等吉祥题材。从现存的遗物来看，花轿的工艺有朱金木雕，采用了浮雕、透雕等手法，装饰上有贴金、涂银、朱漆等表现方式，犹如一座黄金造就的宝龛。花轿还有金银彩绣，在木架上穿一件金线和银线盘绣的轿衣，成金银彩绣花轿。轿夫最看重的是这种轿子轿身轻便，便于路程较远时使用。金银彩绣花轿的色彩和朱金木雕相似，在朱红缎子上绣出金色的图案，朱金相间，具有喜庆、吉祥的效果。在宁海，女孩出嫁都要坐花轿，即便是穷人家的女儿出嫁，做不起花轿，也必定要租一座花轿坐坐。抬新娘子的轿夫也要披红着彩。花轿有二人小轿、四人轿、八抬大轿之分。这种大小之分也是新娘身份、地位的直接体现。坐着新娘的花轿，中途不能停歇下来，因而通常有两班轿夫轮流调换抬着行走。花轿一路抬来，披红着绿，人们前呼后拥，喜气洋洋。花轿一般由宗族中人婚嫁时使用，但本地到民国初期出现了专门经营花轿的专业户。

婚房是结婚仪式的重要活动空间，也是未来夫妻生活的内房。内房会有许多隐私，婚后是不容许亲朋好友随便出入的。婚床是婚房的中心。婚床的制作非常复杂，因此民间叫"千工床"、"拔步床"。事实上好的婚床不止千工。婚床装饰色料使用了黄金、朱砂、青金石、水银、黛粉、琉璃、贝壳、生漆等天然名贵材料。这些来自大自然的材料数百年不变颜色，而且越用越好看。上了百年，鲜丽的色彩上会形成一层古旧之美色。婚床选料考究，工艺精湛，使民间家具的制作水平达到了前所未有的水平。"一生做人，半世在床"，更何况还是传宗接代的重要家具，当然要用最讲究的做工和最隆重的仪式来运作。因此，江南地区的人们在制作婚床时，工匠和主人要祭拜神灵，祈求多子多孙。尽管四合院有院门，中堂有堂门，房间有房门，但婚床还要做两道纱帐。总而言之，婚床要做成屋中之屋，房中之房，可见古人对夫妻生活的心态。拔步床的拔步上右侧放点灯柜，左侧放马桶柜，后面是六道正屏，两侧是四道侧屏，前有两道遮枕屏。前帐中间上首称"水口"，水口顶上叫"翻轩"，四柱称"夹柱"，前帐两侧是纱窗，拔步脚称"踏步板"，中间当然便是正床了。婚床前帐雕刻异常繁缛，运用透雕、浮雕、堆塑、贴贝、勾漆、描金等工艺，不惜工本。题材大多取材自古典名著、民间传说、戏曲人物等。内容离不开多子多福、喜庆吉祥等表达美好愿望的题材。婚床前夹柱上往往堆塑有"凤鸟对舞珍珠树，海燕双栖玳瑁梁"等对仗的诗句，表达人们对夫妻生活的美好祝愿，又充满着浪漫的情调。

除婚床外，内房中体量最大的家具要算红柜子。红柜子中间有一面大的圆铜镜。柜方镜圆，象征天圆地方。红柜子顶上装饰了精致的罩沿，罩沿繁复的雕刻与光素的铜镜、柜门形成了很大的反差，一繁一简，产生强烈的艺术效果。房前桌是婚房内必不可少的家具。房前桌抽斗上的铜饰生动可爱，有蝴蝶、蝙蝠、蝉虫等。红妆家具中的铜饰之精美是其他家具中少见的。古代官府为防私铸钱币，禁止民间流通铜料，民间所用的铜料由铜钱熔化而成，可见家具中的铜饰来之不易，是财富的直接体现。有的铜饰还涂上白银，用银、铜、锡合金的白铜更是价值不菲。笼和箱子是内房家具中盛放衣服被褥的专用家具。四方大箱子为笼,四方小箱子为箱。箱笼描金着彩,以樟木为主,可以防虫蛀。皮箱有刻花、压花、贴花、堆塑等工艺装饰。那些内外两层都是牛皮的笼箱,需要以整头牛的牛皮才可做成。红妆器具中的盒子琳琅满目,有帖盒、首饰盒等。帖盒是婚前男女两家往来信札交流的包装,上面饰有和合二仙、五子登科等图案。首饰盒有大有小,形状各异,也称"百宝箱"。有的首饰盒内有许多隐藏着的储物空间,藏物安全,使用时又别有趣味。椅子是婚房内常见的家具。小姐椅矮于其他椅子,侧面有一个小抽斗,专门放金莲小鞋。这是隐私,所以隐藏在椅子底下。小圈椅的尺寸小巧,正是女性适用的椅子。鼓凳具有内房情趣,也是女性专属的坐具。衣架是婚房中装饰效果最好的品种之一,是婚房的摆设,工匠们会不惜工本雕刻镂花。宁绍地区一带把各色圆木器皿称之为"桶"。在木制圆桶的制作中传承着越窑瓷器的造型风格和装饰手法,可谓"千年一脉,遗风依然"。色彩丰富、使用方便的木桶是红妆中最为精彩的器物。朴素典雅的提桶犹如女子腰身的线条,非常优美。提桶的装饰往往在提手上,有龙纹、凤纹、如意纹、卷草纹等,整个器具显得生动灵巧。茶壶桶有保暖作用,是当时的热水瓶,壶嘴外露,可以随时倒茶,内垫棉花、鹅毛以保温。茶道桶是专门用于泡茶、洗茶的工具,也是茶文化在内房中的直接体现。讨奶桶是桶中最小的品种,也是内房必备之物。分娩后的产妇尚未有奶水喂小孩,就用这精致的讨奶桶去邻里讨奶水。桶上配置的铜箍也是装饰品之一，桶盖上配以铜滴子、琉璃滴子、木雕滴子等，使木桶更显华丽精致。竹编也是内房中内容丰富的器物，有担篮、提篮、菜篮、饭篮、针线筐箩等。提篮有圆形、方形、八角形等，雕刻有八仙、龙凤等吉祥图案。内房中包含了生活的方方面面，自然也包含了对于祖先和神灵的敬畏。祭祀用的祭盒，黑漆作底，描金彩绘，精致中透着神秘。

二、女红作品

十里红妆中的女红作品展现了古代女子的智慧和才华。女红是纺纱、织带、刺绣、裁缝等针线手工的概称。这是女子一生从事的手工技艺，更是和女子的婚嫁联系在一起。在最初的联姻过程中，男女双方一般都不相识。媒人有意撮合两家的婚事，就先是将闺阁女子所做的针线作品，如绣花鞋、枕套、手帕等送往男方家。男方家再从这些作品的针线手法、色彩搭配、精巧程度等方面来揣测女子的品行和聪慧程度，然后决定这门亲事成功与否。

女红用具琳琅满目。在男耕女织的社会中，纺车、织带器、麻丝架、麻丝桶是纺织时的主要器具。从棉麻到成品需要经过纺纱、织布、印染、裁缝等复杂的工序，而丝绸则要经过采桑、养蚕、缫丝、织绸等劳作，既是女子汗水的结晶，也是女子智慧的直接体现。女红劳作有粗细之分，如棉麻和丝绸的前期劳作，并非在闺房内完成。富家大户的小姐不参加外面的劳动，而是有现成的面料和丝线，在闺房内从事女红创作。

绣台是女红的重要工具。绣台有个特大的抽斗，可以随时收藏未完成的绣品及绣架，以免蒙上灰尘。一般闺房里有一大一小两张绣花台。绣台并非只用于绣花，缝制衣服也在绣台上完成。绣花首先需要图案，古时有专用的画稿，由木板印制的线装书内有各式各样的吉祥图案，以线描为主，没有丰富的色彩搭配，配色需要自己创作。画稿大多由文人画家帮助创作，然后由书商印制流传。有的画稿手工描绘，世代相传。也有的是聪明的小姐自创的画作，独特而有新意。针盒、针夹、线板是绣花的主要器物。针是当时值钱的工具，由银铜合金锻制而成，十分珍贵。针夹是缝制鞋底或稍厚的皮料、布料时用于拔针的专用工具，做成小鸟或小鱼样儿的，既是女红必备之物，拿在手上又是玩具。线板用于缠线，形状各异，雕刻的图案丰

女红绣台

富多彩，有人物、花鸟、瓜果，捏在手上称心如意。线板上的图案包含有喜庆、吉祥的内容，工艺上有雕有画，有镶有嵌。绣花时，必须要有绣架。绣架由四根直料组成方架，活动的榫卯连接，绣品固定在架上，绣架两头需要有重物绷拉，使绸布面挺括，便可以一针一线绣出图案了。

木雕麻丝架像小小的龙门衣架，朱金相间，是劳作时压麻丝的物品。搓线时压着一束麻丝，一根一根地抽出来搓。搓线需要用水和草灰，以利于产生摩擦，增加胶合力，因此，麻丝架上有个盛水的小孔洞，盛放清水，侧面有个装草灰的小小抽斗。也有的是用砖烧制再雕刻的压块，有圆形，有八角形，顶上刻着花卉图案，也都有盛水和装草灰的容器。搓线瓦是必不可少的，瓦上四角有眼孔，由线系着。瓦上有图案，增强搓线摩擦的效果。麻丝桶专门用于存放搓好的麻丝。搓线时，随着手掌和搓线板的转动，另一头麻丝积聚起来，若不小心就会弄乱打结，于是便有了专门盛放麻丝的鸭蛋形的麻丝桶。把搓好的麻丝堆藏在麻丝桶里，既安全，又可以移动，待满桶后，再上束线架束成束，以备织带或织布时使用。腰带、衣扣带等带子用途十分广泛。织带时，需要在织带器上拉上经线，用梭子穿插纬线，利用

针线篮箩

脚力、腰力、双手往复穿梭。针线笸箩是女红嫁妆中的重要物品，大多用毛竹编制，箩体里外两层竹编，外层用十字平编和斜纹线编出空灵的图案，里面一层用两色竹篾平编出福、禄、寿、喜等文字。

铜制的熨斗也是做女红必不可少的工具。衣服、布料烫平，都需要用熨斗。熨斗有个把手，斗里放白炭，斗底呈平底状，便是熨面。女红器物还有朱红直尺、剪刀等。古代女子就是用这些工具制作自己的新嫁衣的。

服饰的制作过程是女红概念的重要延伸。江南是丝绸之乡，精美的丝绸为女性生活平添了一份美丽。服装是女红重要的作品，从剪裁、绣花到成衣有复杂的过程。有些大户人家还专门邀请专业的裁缝长期吃住在家里，精心缝制嫁衣。专业裁缝在制作时，大户人家的妻妾和女儿也一同观看，学习制作，甚至参与某些工序。专业裁缝也从有些妇女那儿学习技艺，互相交流，从而促进女红技艺的提高。三寸金莲让男人爱之若狂，因此，金莲小鞋便是女红最重要的作品了。小鞋首先是要贴肉，因为小脚是经过造型的，不像天足那样有基本形状，故各人有不

三寸金莲

同的尺寸和形状。为了给三寸金莲增加美感，金莲小鞋又需要塑造美的形状，拼接出各种色彩，绣出各种图案。金莲小鞋大小通常在三寸到四寸之间，呈高跟三角形，鞋帮也高，脚跟上有一块尾布，保持鞋与脚贴肉。金莲小鞋是古代女子用来炫耀自己的，所以用料考究，做工精致。

女子所准备的嫁衣非常注重刺绣装饰，主要体现在领口、袖口、衣襟上。有的会在肩上刺绣上四合如意纹装饰，纽襻上镶着镀金的铜扣，宽袖飘飘，如同一幅完整的图画；有的在纯一底色上绣出团花，或仙鹤，或八宝，或牡丹，或彩蝶，富丽华美。人的美丽是可以用不同的形式来表现的，尤其是女性的美丽，更是多姿多彩，可以长袖宽带，也可以紧身束腰，可以绚丽多彩，也可以清素秀美。传统服饰是

石榴裙

童装

千百年来中国女性对美的创造和对文明的贡献，这些传统服饰美的形式和装饰特色依然充满活力和魅力，仍旧是现代时装取之不尽的元素和灵感的源泉。

传统女红体现了待嫁女子的智慧。传统单丝绣是由一根单丝绣制而成的，绣单丝的小姐手指一定要灵巧，而且要保养有方，指头不能粗，绣房要一尘不染。一根只有头发十分之一粗的单丝在针尖上飞舞，穿梭在薄如蝉翼的丝绸上，这等技艺没有前辈教授是无法掌握的。单丝绣技艺一般在大户人家流传，同时也只有在富饶而又安宁的社会环境和家庭里才能传承。

女红作品的色彩搭配丰富，大多运用正色，青红白黄绿紫搭配，色泽明快，争艳斗彩。同时运用纯金、纯银包丝绣制，金光银芒，谱就了金、银、绸、缎、布、丝线艺术的绚丽辉煌。民歌云："绣衣楚楚俏风流，谁人温柔不解愁。匆匆缝个莲花样，鸳鸯荷包格外香。"女红作品的题材，包含了喜庆吉祥的内容，其表达方式更直接、更鲜明。女红作品不但在色彩上具有强烈的个性，在景物构图上也活泼可爱，大胆泼辣。传统社会中的男人读四书五经，争考功名，妇女也非等闲之辈，创造出让世人惊叹的女红艺术。

霞帔，也称"云肩"，形如彩虹，色如七彩霞，是女性颈肩之间的装饰物。霞帔并非平常使用，而是结婚这一天的重要装饰。新娘子凤冠霞帔，美若天仙。霞帔也和其他女红作品一样，是图必有意，意必吉祥，多为喜庆内容。霞帔形状分四合如意、六合如意、万合如意几种。四合如意指四分式如意纹的图案；六合如意是东、南、西、北加天与地；"万合"当是数十个如意装饰，意思是万事如意。霞帔制作的另一种手法是镶边，用丝线绣出几道边线，突出了美的几何图案。霞帔常用金线、银丝盘绣出龙凤、百宝等图案，金银相映，极尽华丽。霞帔装饰亦见白缎底子，蓝色镶边，中间平

霞帔

凤冠

针绣出淡雅的人物、花鸟、山水景致，如同清雅的国画。霞帔在一帔之中，数层垂花，或如意，或花卉，或柳叶，还绣上百花草。有些霞帔只是追求华美，繁绣累饰，穷尽工艺，成为女子争胜斗艳的工具，可谓女红艺术的另一种追求。

荷包是传统婚姻的信物，也是古代女子的传情之物，绣工当然

不能随便。荷包内装有由中草药研制的香料，用于祛邪除秽。江南地区多湿气，房间内有一包天然香料，自然令人心旷神怡。荷包也可藏美玉，用来存放爱情信物，如情人相赠之银包红豆。荷包外绣着"福"、"寿"、"安"、"康"字样及五彩丝线，表达了吉祥如意的美好愿望。

　　肚兜是女子的贴身内衣。处在闺阁中的姑娘会将肚兜浸上香料，穿在身上能散发出诱人的清香。肚兜底色多为青布，青色和洁白的肌肤相互映衬，更显得肌肤胜雪。有的肚兜用鲜红的丝绸料，衬托得女子更加妩媚。肚兜上绣着莲花，莲花多子，祈求早生贵子；绣着五毒，避邪恶，求平安；绣着"守身如执玉"等文字，提示保护自己的贞节；绣着和合二仙，绣着蝶恋花，绣着麒麟送子、鲤鱼跳龙门、状元及第，凡吉祥题材应有尽有。肚兜呈菱形，穿时两头用四带系于腰间，上首系于颈项上，围住胸部和腹部。肚兜是女儿最贴身的内衣，倾注了女儿最美的构思。

　　女红生产过程中，从棉麻到成品需要经过纺纱、织布、印染、裁缝、刺绣等复杂的工序，每一道都要求精工细作，品相才会优良。女红作品最突出的成就是表现在各种绣品上。一针一线，不惜工时制作，是闺房女子用青春岁月精心创造的艺术。其色彩搭配大胆泼辣，丰富多彩，争艳斗彩，同时运用纯金、纯银包丝绣制。题材丰富，物象塑造活泼可爱，表达方式直接、鲜明，既秀美，又见拙见俗，透着雅俗共存的美妙，为女性平添了一份美丽。女子出嫁时，红板箱里装满了自己在闺房里制作出来的各种服饰，也带去姑娘用于女红制作的所有器具。服饰也是嫁妆中的重要内容，富家大户会把女儿一生的衣服备齐，包括丈夫和小孩的，甚至还有孝敬公婆的。

总之，新婚夫妇新房中的红嫁妆囊括了女子一生所需的物件。有如此红嫁妆的媳妇，在人们眼中是真正的"大媳妇"。十里红妆反映的是古代女子的婚嫁史，又是一部精美的工艺美术史，更是一部生活史。在众多十里红妆遗存中，我们不但可感受到悠悠古越风，还能体味到淡淡的江南女儿情，向公众展示着数百年来江南民间艺术的独特文化内涵。十里红妆虽已成往事，但在绿意浓浓的宁绍大地上，还随处可感受到十里红妆的遗存在闪烁，十里红妆的传奇依然留存于民间。这些民俗遗存是中华民族文化的组成部分。十里红妆包括了日常起居所需的家具、器皿、床褥、服饰等，每一件都体现出了当时民间手工技艺的精巧。在工艺上，红妆家具集雕刻、堆塑、描金、勾漆、填彩等工艺于一体，器物的色彩和器性无不显示主人富贵和殷实的家底，无不体现嫁妆特有的喜庆气氛，同时也包含了祥和、宁静的居家需求以及女性多彩的审美特色。

[肆]宁海十里红妆婚俗的民俗文化价值

传统的十里红妆婚俗，在江南现代经济发达的地区已经不复存在了，但在浙江东部的山区，20纪80年代依然十分盛行。在秋冬季节的黄道吉日，经常可见到抬红嫁妆的浩浩荡荡的队伍。21世纪后的今天，宁海乡村依然村村有出租花轿、担篮、穿箱杠的专业户，为婚嫁服务。尽管子孙桶已由现代化工艺制作，但依然是早年马桶的造型和装饰图案。红缎棉被、红枕头、大红橱柜、红板箱、红鸡蛋、红桶盘，传统的红嫁妆仍是少不了。新娘子戴红花，穿红衣仍旧流行。传统婚俗在宁海的乡间保存着丰富的元素，这是江南婚俗中不可多得的遗存。

在宁海，十里红妆婚俗流传得相当完整、广泛，尤其是在乡间。宁海人相信风水，一般夏季年轻人是不举行婚礼的。从农历八月十六开始到次年四月间的黄道吉日都是可以结婚的。现在生活条件良好，人们不愁吃不愁穿，思想也进步，乐于接受新鲜事物，但人们在结婚大事上也决不马虎，仍旧尊重传统婚俗中的礼节，一切按照传统礼俗的程序进行操作。

时代潮流所趋，年轻人选择自由恋爱，找个自己喜欢的爱人相伴终身，但仍免不了要媒人牵线。即使是媒人在这对新人谈恋爱期间根本没有介入过，但面子上是必需的，得有个拿小红袋的人（旧时迎亲时，媒人提着小红袋跟在花轿边）。所以常常是结婚时临时拉个人做个样子，也有比较慎重的人家会托请一老到的朋友做媒人。农村中的老人非常讲究生肖、八字配，年轻人是不太喜欢父母的做法的。但作为父母，其出发点是要儿女生活美满。他们暗地里拿两人的生辰八字请算命先生排一下，合的，就应允婚事；不合的，那就要拿出家长的威信说服子女放弃对方了，因此有时也会和年轻人产生冲突。当双方家长应允婚事后，下定、送日子、送彩礼等传统礼节是不能省略的。相较于旧时，现代人生活条件好了，双方呈送的礼物更加丰厚。如男方家送到女方家的首饰，先前一般家庭都是银制物件，现在都是黄金的了，如金戒指、金项链、脚镯、手镯等。聘金原先是银圆，现在是现金，数额越来越高。还有高档次的服装等。这些礼物都必须装在礼盒里由媒人送呈。将家里种的红薯加工成糖汁，掺入晚粳米制成冻米糖，这是新娘家人必须准备的，嫁过去时给亲戚朋友品尝。

　　待大喜之日，行的礼节仍是传统的。邻里娶亲，周围人家都沾光，到处贴上红对联，挂着红灯笼，吹唱乐队闹腾起来。迎亲头一天，要送担。新娘出嫁前，穿好衣服，就不再下楼，直到吉时由娘家兄弟抱着出家门，到大门口放下，让新娘换上新鞋子。"嫁出去的女儿，泼出去的水。"人们还是很忌讳女儿会将家里的风水带走，让其穿上新的鞋子，连灰尘也沾不走一点。在热闹的迎亲吹唱声中，以红绸带和鲜花装扮一新的小轿车代替了传统的大花轿，载上新娘，在一溜小汽车的迎亲队伍中走在最前面。娶亲队伍往往在傍晚时分到达新郎家。新郎家早已准备好鞭炮，待新娘一出车门，就噼里啪啦响起来，大家起哄着，没有轿门可拦，就挡住大门，非得媒人出面敬

农村抬嫁妆场面

烟递东西，否则新娘是进不了门的。待新娘进了大门，踏上一直延伸到中堂的红地毯，与众宾客行相欢礼后，大家簇拥到洞房里。稍息片刻，婶娘会端来点心请新娘品尝，之后又吃过鱼肉米饭。晚宴时，新娘在伴姑小妹的陪伴下去中堂赴宴，新郎偕新娘向众宾客敬酒。晚宴结束后，新娘还要向长辈们请吃茶，长辈一一还礼。此番礼仪结束后，接下来是闹洞房，一大群年轻人聚集在新房中吃喝谈笑，直至午夜结束。

传统坐花轿结婚的习俗一度在"文化大革命"中消失，但改革开放后，作为一种对传统文化的尊重和留恋，结婚坐花轿又开始在宁海农村出现。男方请中式婚庆服务机构帮忙，请轿夫抬花轿，迎娶新娘。也有家在县城里的人家，用花轿将新娘子抬到酒店见宾客，宴后再抬回新郎家。婚礼的一切程序按传统方式进行，拜天地、拜父母、夫妻对拜，入洞房、闹洞房依然。

传统的红妆器具仍在流行。当年有婚嫁的人家，早在一年或半年前就准备嫁妆了。以现在人们的生活观念，婚嫁时，新房早已准备妥当，一式现代化用品，家具是新式的，床上用品是新式的，连小物件等都显现时代潮流的特点。但在这一切现代化的陈设中，又有诸多的红妆与这些形成鲜明对比。朱漆红板箱是少不了的。娘家父母有自己的心思，嫁女儿，红板箱是一定要有的，否则人家要说什么东西都没给女儿。结婚那天，娘家人将很多红鸡蛋放在红板箱里，说是压橱，显示娘家是富有的，箱子沉甸甸、厚实。子孙桶非备不可。在父母的观念中，给女儿备子孙桶，就许了一个美好的愿望，女儿嫁过去能生儿育女。在农村，女方家如果不准备子孙桶，新郎家人是要责备的，说得严重点，就是娘家人不懂礼节，要男方断子绝孙。子孙桶一定要放在青布口袋里，里面放上染红的五什果子，是一种心愿的寄托。子孙桶和草席组成一挑担，由新郎的弟弟来挑，如果新郎没有弟弟，那堂弟也可以，但辈分要相同。一张新草席也是要娘家人准备，系上红丝线，扎上拦腰兜。现在时兴的是席梦思床，用不上草

农村婚嫁场面

席。但结婚当晚，草席是一定要铺在床上，新人是不得不睡的，也有传代的意蕴在。现在的床上用品丰富多彩，但娘家人硬是要准备一床龙凤图案的红缎被，用红绸带扎好，新人当天晚上睡草席、盖红缎被。现在新娘流行穿着洁白的婚纱出嫁，但一到新郎家后，就得马上更换成红色的礼服出现在众宾客面前。虽没有旧时的凤冠霞帔，一袭红衣暂且可代替。近年来，更有许多新人租借凤冠霞帔。十里红妆婚俗至今仍在乡间传承着，仍然是现代年轻人选择的婚礼形式，仍旧是四乡八邻、老老少少参与的喜庆的社会活动。民俗的生命力和传承队伍的稳定性，使得十里红妆婚俗得以传承。

宁海十里红妆婚俗的保护与传承

西式婚礼简单、时尚的操作程序迎合了当今年轻人的需求，也由于曾经历过十里红妆婚俗的人渐渐离去，十里红妆婚俗的完整程序和细节在传承的过程中被省略了，传统婚俗越来越不完整了。再加上传统手工技艺的衰退，手工制作技艺频临消亡，十里红妆无法恢复昔日的壮观场面。

宁海十里红妆婚俗的保护与传承

随着社会的发展与进步,移风易俗也就没有停止过。当今人们普遍受现代的生活形式、进步的思想理念的影响,传统的婚礼习俗失去了曾经有过的辉煌一面。西式婚礼简单、时尚的操作程序迎合了当今年轻人的需求,也由于曾经经历过十里红妆婚俗的人渐渐离去,十里红妆婚俗的完整程序和细节在传承的过程中被省略了,传统婚礼过程越来越不完整了。再加上传统手工技艺的衰退,手工制作技艺濒临消亡,十里红妆无法恢复昔日的壮观场面。十里红妆婚俗的形式和礼俗过程渐渐淡化,她带着千百万人的情感、理念,成为经历过完整的十里红妆婚俗的许多人生命的记忆。

从2005年开始,宁海十里红妆婚俗这一展现江南民俗风情的非物质文化遗产引起了浙江省政府及宁波市、宁海县政府的高度重视,加上许多民间文化人士的关注,被列入浙江省非物质文化遗产名录。宁海县专门设立非物质文化遗产保护中心,制定保护计划,划拨经费,筹建十里红妆婚俗博物馆,研究民俗文化,以加强对宁海十里红妆婚俗的保护。抢救十里红妆婚俗刻不容缓。

[壹]宁海十里红妆婚俗的抢救与保护

宁海十里红妆婚俗濒危原因是多方面的。随着时代的变迁、社会的转型,人们生活观念的改变,传统的婚俗礼仪少有人热心继承,更不用说发展了。现代化、高科技的企业生产也是传统的红妆制作手工技艺消亡的一个很大的因素。十里红妆婚俗传统的传承环境越来越艰难,但人类对于传统民俗的留恋和记忆中的生活方式是无法磨灭的。无论环境如何不利,依然可见民俗的能量,无法改变人们对美好生活的向往和祈求。

一、生活观念转变

现代科技的发展,国与国之间交流,人与人之间互动日益便利,导致现代人们生活方式的转变,使传统的十里红妆婚俗传承艰难。现代社会脱离了农耕时代的生存方式,现代文明极大地满足了人们日益增长的生活需求,人们的审美情趣也相应改变。年轻人倡导自由恋爱,婚礼过程自己做主,父母亲意见只是参考,强调婚礼时尚、简洁。结婚时需要准备的物件,商场都能满足他们的需求,而且商场里的商品迎合现代人的品味,为年轻人所接受。况且机器生产的不比传统的差,没必要像过去那样,做好一辈子的生活准备。现在即使在乡间,人们住的也多是钢筋水泥房,结婚时的新房装修早已将家具系列规划进去,组合橱柜等家具在装修时就打造好了,无须在结婚时抬笨重的嫁妆了。传统红妆中的马桶、青布口袋只是因为家中老人的坚持才出现在结婚仪式中。

年轻人喜欢标新立异，将外来的生活方式引以为时尚。结婚时讲究排场，这一点和古人的思想接近，但年轻人还要追求时髦。十几辆高级小轿车载着穿洁白婚纱的新娘一路招摇，那场面不亚于十里红妆娶亲。现在除了在乡间娶亲还要用上民间乐队，城里一般都取消了。传统婚礼喇叭、唢呐哩噜啦，啦噜哩吹唱的热闹场面没有了。甚至有人还认为，那民间乐队的吹奏是为了丧事的需要，喜事上用民间乐队太老土了。人们还将婚宴办在酒店宾馆，这样家里就冷清了许多。以前，人们住的都是四合小院，一办喜事，大家都来帮忙，

红布、青布小袋与盐米、芒麻结

整个小院都充满了喜气，全村人都会来看新媳妇，热闹异常。现在新房设在高楼大厦，邻里之间很少走动，除了结婚大喜之日有宾客进出新房，邻居是少有来"相媳妇，讨红鸡蛋"了，诸多因素使铺张的传统婚俗随之淡化了。传统观念相当深的人家即使选择举办传统婚礼，也因十里红妆婚俗礼仪的繁文缛节对年轻人形成约束，好多程序也被简化了。唯有那红对联、红鸡蛋、红双喜、红棉袄、红马桶、红祭盘等仍是人们结婚必不可少的。

二、传统手工技艺濒危

随着十里红妆婚俗的简化，传统婚俗制品市场也逐渐缩小，相关制作技艺面临断代。在农村，红妆家具都由细木工匠打造，精巧细致，榫是榫，卯是卯，一般工匠需学徒六七年后才能单独劳作。学艺很是艰辛，过去有"三年徒弟，四年半作"、"倒贴工钱自吃饭，生活给你学学惯"之说法，可见学成一门手艺是需要很长时间的，做能工巧匠确实不容易。现在科学发达，累活、苦活少有人做，匠人老龄化严重，新一代几乎已经不再有人学徒。再加上工厂化生产，运用了科学技术，制造出的产品时尚、轻巧、便捷，省去了许多过程中的麻烦。传统的生产方式被人们摒弃了，红妆器具制作的工匠越来越少。如20世纪80年代，宁海木雕家具业中还有许多人制作传统的红妆器具，到了90年代末，红妆器具市场萎缩，艺人们不得不改行，或是改变劳作方式，以师徒传承的传统工艺技术濒临失传。在宁海等地，虽然还有仿古家具的作坊,大多已不采用传统的材质和制作工序,繁缛的女红活更是绝少有人在做了。新时代的女性走出了家门,走向社会,都有自己稳定的工作,传统的女红技艺只留存在老一辈妇女的手中。

三、抢救与保护势在必行

2005年3月26日,国务院《关于加强我国非物质文化遗产保护工作的意见》中提出:非物质文化遗产是各族人民世代相承、与群众生活密切相关的各种文化表现形式和文化空间。非物质文化遗产既是历史发展的见证,又是珍贵的、具有重要价值的文化资源。我国各族人民在长期的生产、生活实践中创造的丰富多彩的非物质文化遗产,是中华民族智慧与文明的结晶,是联结民族情感的纽带和维系国家统一的基础。保护和利用好我国的非物质文化遗产,对落实科学发展观,实现经济社会的全面、协调、可持续发展具有重要意义。

根据上述精神,宁海县在十里红妆婚俗的传承和保护方面做了积极有力的工作。一是建立组织机构。成立以县人民政府分管副县长为组长,县委宣传部及县文化广电新闻出版局、旅游局、财政局等部门和单位为成员的宁海十里红妆婚俗保护工作领导小组,制定保护规划,健全保障措施,落实责任机制,协调各项工作,将宁海十里红妆婚俗的保护工作编入县文化工作"十一五"工作规划,并写入县人民代表大会政府工作报告中。二是全面搜集、整理宁海十里红妆婚俗的相关资料。县文化馆全面普查宁海十里红妆婚俗的历史、

十里红妆婚俗巡游场面

欧洲人娶了宁海媳妇，举行十里红妆婚俗仪式

传承过程和现状。县文物保护和管理办公室扶持江南民间艺术博物馆，收藏、征集宁海十里红妆婚俗器物。宁海县文化广电新闻出版局、宁海电视台、宁海报社等文化行政部门和新闻媒体单位广泛宣传宁海十里红妆婚俗，扩大宁海十里红妆婚俗的影响。三是建立宁海县十里红妆婚俗博物馆。早在2003年，宁海县委宣传部就发文，成立宁海县十里红妆婚俗博物馆筹建领导小组，以公助民办的形式建成宁海县十里红妆婚俗博物馆并在当年开放。不仅向公众展示宁海十里红装婚俗的器物，同时出租花轿、杠箱等传统婚俗器物，鼓励宁海青年以传统的婚俗礼仪完成

宁海十里红妆婚俗博物馆内部陈列

自己的人生大事。四是在宁海农村中开展传承活动。2006年，十里红妆婚俗博物馆免费提供红妆器具，为宁海县大佳何镇的一对青年举行了一场传统的婚礼。当时，大红花轿游走在小镇的老巷里弄和闹市中，后面跟着几里路长的红嫁妆队伍，场面甚是壮观，观看的人们兴奋了好一阵子。受此影响，传统十里红妆婚礼风靡整个宁海，许多年轻人结婚都沿袭宁海的十里红妆婚俗，传统文化得到有效的传播和发展。五是举办展览。热心的十里红妆婚俗研究和保护人士何晓道先生在他收藏的上千件嫁妆器具中精选了数百件朱金漆器，在杭州举办十里红妆展。人们一下子看到数量如此众多，品种如此齐全，造型、品相如此完好的，带有浓重闺阁气息的朱金漆器，着实震惊，仿佛又看到了当年壮观的十里红妆嫁女场面。六是开发、生产、销售红妆产品。2007年，宁海县十里红妆婚俗博物馆被列为宁波市首批文化体制改革试点单位，宁海县委、县政府成立专门的班子进行调研，积极探索面向市场、加快发展的路子。通过组建相关的文化企业，做好红妆系列产品的开发、生产和销售。

宁海十里红妆婚俗在传承和保护中迈出了坚实的脚步。

成为国宝。十里红妆器物是婚俗构成的主要元素。宁海历史上传统手工业较为发达,形成了当地特有的生活器物的艺术风格。通体红漆、局部贴金的家具器物,色彩鲜艳、精致细巧的女工作品,都出自能工巧匠的精工细作。十里红妆规模、声势之大,数量之多,门类之齐全,制作工艺之精湛,艺术价值之高,耗费之昂贵,均为全国罕见。传统的婚俗礼节又直接体现了江南地区的民俗文化特色。为更好地传承、弘扬优秀的民间习俗,2007年,宁海县申报国家级非物质文化遗产项目宁海十里红妆婚俗。

2008年6月,文化部公布了第二批国家级非物质文化遗产名录,宁海十里红妆婚俗榜上有名。这是继宁海平调后,宁海县的又一个文化项目荣登国家级非物质文化遗产名录。

走出国门。在政府的多方扶持下,在宁海十里红妆婚俗博物馆的努力下,几年来,宁海十里红妆婚俗逐渐走出宁海、宁波,并向世界撩起了她的神秘面纱。2007年,宁海十里红妆婚俗博物馆收藏的清末朱金木雕花轿连同八十多件珍贵的中国非物质文化遗产代表作一起,在联合国教科文组织总部参加"巴黎·中国非物质文化遗产艺术节",受到国外人士的广泛关注。当时参加联合国教科文组织执行会议的各国执委、各国常驻联合国教科文组织大使和法国各界人士数千人参观了展览。联合国教科文组织总干事、教科文组织

在法国举办的巴黎·中国非物质文化遗产艺术节

执行局主席还专门听取了专家的介绍，了解了中国浙东特有的婚嫁习俗，对这花费万工制作的艺术品感到十分惊奇。

开拍大型舞剧。2008年，宁海十里红妆婚俗博物馆馆长何晓道的著作《十里红妆·女儿梦》由中华书局出版。2009年，以展现江南婚嫁习俗和江南女子爱情故事为内容的同名原创大型舞剧《十里红妆·女儿梦》在宁波市歌舞团正式开排。该剧于2007年被列入"浙江文化走出去"工程，2008年又被列入浙江省和宁波市的重点文化精品工程项目。《十里红妆·女儿梦》剧情紧紧围绕江南汉民族的婚嫁习俗和浙江的风土人情展开，用中国古典舞和浙江民间音乐、舞蹈元素相结合的手法，充分展现江南女子一生中最美好的"梦"。全剧用"春·初恋"、"夏·定亲"、"秋·思念"、"冬·守望"四大篇章把女人的一生娓娓道来。《十里红妆·女儿梦》力争打造成可持续演出,能打入国际演出市场,向世界展示中华文化的经典之作,成为介绍宁波文化的新名片。浙江省有关部门经过对非物质文化遗产的调研、论证和题材筛选,确定了《十里红妆》、《皮影王》、《情系龙泉剑》、《蓝印花布包裹的纯真年代》、《李渔的戏班》等作为非物质文化遗产系列电影创作的首批选题,将在最近几年内陆续完成拍摄,首部推出的电影即是《十里红妆》。电影《十里红妆》通过艺术的提炼和升华,以精巧独特的故事,将人物命运与十里红妆有机地结合在一起,给观众带来视觉震撼和深刻的思索。

筹建新博物馆。如今,宁海十里红妆婚俗博物馆已经成为宁海县城市建设的新亮点。该博物馆位于宁海城南徐霞客大道边上,一边是现代化的

博物馆陈列

红妆收藏库房

景观大道，一边是古色古香的民俗风情，历史与现实在这里交融。十里红妆婚俗博物馆也是宁海旅游的新亮点，"红妆婚俗游"已经成为吸引宁波、杭州、上海等地游客的一块金字招牌。自建馆以来，十里红妆婚俗博物馆每年接待各地游客三十余万人次，每天有来自全国各地的民俗爱好者慕名前来，还有美国、加拿大、日本的客人。在第二届中国（宁海）徐霞客开游节上，举行了十里红妆民俗风情大巡游活动。2008年，宁海县政府立项规划筹建总投资一亿两千万元、占地一百零八亩的新博物馆，预计到2012年建成。

研究、交流与开发并举。在保护和传承宁海十里红妆婚俗的同时，做到研究、交流与开发并举。十里红妆婚俗博物馆馆长何晓道在政府部门的协助下,与上海、南京等地的专家交流、合作,开展学术研究。经过多年的努力,何晓道不仅出版了有关十里红妆婚俗的专著,还开发出一系列与十里

老人讲述古老的传说

红妆婚俗有关的仿古工艺品。浙江理工大学机控学院和杭州师范大学人文学院还在十里红妆婚俗博物馆设立了实践活动基地。

[贰]何晓道与宁海十里红妆婚俗

宁海十里红妆婚俗的恢复和发展,何晓道功不可没。何晓道,男,1963年出生,宁海县大佳何镇人。文物博物馆学会理事、宁海县民协副主席,对收藏、研究传统艺术品有一定的造诣。作为浙江民间收藏家和民俗学者,早在20世纪80年代初,何晓道就沉迷于这些红妆物件的收藏,如华美的女红作品、雅致的木刻雕板,还有宁绍朱漆家具等。2001年,在相关部门支持下,他解决了建筑、展品等诸多问题,在家乡大佳何镇办起了占地七亩的江南民间艺术博物馆,珍藏十里红妆器具三万多件,成为我国江南民间收藏之一大观,为研究明清时期社会文化提供了丰富的实物资料。

2003年,何晓道又以公助民办的形式创办了宁海十里红妆婚俗博物馆。整个展馆占地面积3000平方米,共四层,陈列的明清时期十里红妆器物一千六百多件,用令人惊叹的丰富

冯骥才与何晓道

藏品集中展示了十里红妆婚俗器具。开馆之后,他又不断进行艺术馆的建设与展品的扩充,同时争取开展学术研究,弘扬具有独特魅力的浙东红妆文化。何晓道不满足于一般的收藏,他在收藏的同时著书立说,要让十里红妆婚俗在民间保留、传承、光大。近年来,他先后出版了《红妆》、《十里红妆·女儿梦》等有关介绍宁海十里红妆婚俗的书籍。《红妆》最吸引人的是图片,精选了作者二十年来收藏的红妆家具近两百件,包括床、柜、箱、桌、椅、桶、女红用品等,实际上就是十里红妆婚俗博物馆在书本上的微缩。无论你是否去过博物馆,都会被书中精美绝伦的器物所震撼,会情不自禁地赞叹明清时期宁绍地区的工匠是多么的心灵手巧、富有才华。作者用"三寸金莲"、"古越婚俗"、"十里红妆"三个篇章把这些器物按主题板块有机地排列在一起,使原本没有生命的物件一个个鲜活起来,有泪,有血,有情感,有故事。

透过一件件鲜红、艳丽的家具，我们也依稀触摸到那个时代中国女性的命运。

由中华书局出版的《十里红妆·女儿梦》，分"女婴"、"缠足"、"闺房"、"女红"、"婚嫁"、"花轿"、"礼俗"、"婚房"、"妻妾"、"为人媳"、"美红妆"等章节，通过子孙桶、缠足架、绣花桌、麻丝桶、花轿、百宝箱等旧时女子日常生活里必不可少的大量器物，展示了她们凄美的一生，勾画出旧中国浙东一带的女子从生到死的生命历程，赋予十里红妆以丰厚的学术内涵。

江南民间艺术博物馆一角

红妆研究著作

　　何晓道并不满足于眼前的成就，下一步将打算在宁海建立一个红妆文化研究会，通过不断地整理、收藏、挖掘，办一个流动的博物馆，到全国举办展览，让红妆文化走向全国，走向世界。

参考书目

1.《宁海县志》,清光绪年间编。

2.《十里红妆·女儿梦》,何晓道著,中华书局。

3.《十里红妆》,范佩玲、何晓道著,杭州出版社。

4.《红妆》,何晓道著,浙江摄影出版社。

5.《宁海民俗》,应可军著,浙江摄影出版社。

6.《甬上风物·宁海卷》,宁波出版社。

7.《婚嫁》,岳娟娟著,山东画报出版社。

8.《婚俗》,万建中著,中国旅游出版社。

后 记

　　十里红妆，是旧时江南大户人家嫁女娶亲时的壮观场面，銮驾、喜牌、花轿、马桶担、穿箱杠、红板箱、丝绸缎被、梳妆台、红橱、酒担等，浩浩荡荡，蜿蜒数里，鼓乐齐鸣，爆竹连天，转弯鸣锣，过桥放铳，流光溢彩，喜庆繁华。后来则演变成婚嫁的代名词，明媒正娶的符号，谓之"十里红妆婚俗"，是江南传统婚俗文化的集中体现。2008年，宁海十里红妆婚俗被列入第二批国家级非物质文化遗产名录。

　　如今，在江南的许多地方，传统的十里红妆婚俗现象已渐渐淡化，而宁海的乡间则仍顽强地传承着，提醒着人们要重视传统婚俗文化的抢救和保护。

　　本书向人们介绍了宁海十里红妆婚俗的基本情况、表现形态、特点、价值，同时也介绍了当地政府为传承和保护这一优秀的文化遗产所采取的措施。十里红妆婚俗是江南地区汉族婚礼中的典型婚俗现象，历史悠久、内容丰富，也增加了我们调查工作的难度。丰富的素材如何筛选等问题一直困扰着我们，因此，只能力所能及地做一些初步的研究，以期抛砖引玉。希望广大读者通过阅读本书，能够基本了解十里红妆婚俗的历史、艺术、社会价值，增强对优秀传统文化的热爱之情。

宁海十里红妆婚俗的保护、传承，与其他传统文化遗产的保护一样，面临着历史性的挑战。幸运的是，各级政府和社会各界有识之士已经清醒地认识到传统文化保护、传承的重要性。在保护非物质文化遗产宁海十里红妆婚俗以及本书的出版过程中，我们得到了社会各界的关心和支持，在此深表感谢。

编者

责任编辑：唐念慈

装帧设计：任惠安

责任校对：朱晓波

责任印制：朱圣学

装帧顾问：张　望

图书在版编目（ＣＩＰ）数据

宁海十里红妆婚俗 / 章亚萍，何晓道编著. —杭州：浙江摄影出版社，2012.5（2023.1重印）

（浙江省非物质文化遗产代表作丛书 / 杨建新主编）

ISBN 978-7-5514-0107-4

Ⅰ. ①宁… Ⅱ. ①章… ②何… Ⅲ. ①婚姻—风俗习惯—宁波市 Ⅳ. ①K892.22

中国版本图书馆CIP数据核字（2012）第096374号

宁海十里红妆婚俗

章亚萍　何晓道　编著

全国百佳图书出版单位

浙江摄影出版社出版发行

地址：杭州市体育场路347号

邮编：310006

网址：www.photo.zjcb.com

经销：全国新华书店

制版：浙江新华图文制作有限公司

印刷：廊坊市印艺阁数字科技有限公司

开本：960mm×1270mm　1/32

印张：4.5

2012年5月第1版　2023年1月第2次印刷

ISBN 978-7-5514-0107-4

定价：36.00元